L'Ochju

Le Mauvais Œil

Paolo Ottari

L'Ochju

Le Mauvais Œil

Roman

Thélès

Recevez gratuitement le catalogue de nos dernières parutions
sur simple demande en écrivant aux :
Éditions Thélès – 11, rue Martel – 75010 Paris
ou par téléphone au 01 40 20 09 10
www.theles.fr

Texte intégral

ISBN 978-2-303-00051-2

Avertissements

L'auteur de ce roman se doit de rappeler à ses lecteurs que les faits qui y sont relatés relèvent tous de la pure fiction ; en particulier les propos traitants d'événements passés ou présents, et d'actualités connues ou inconnues du public. Tous les personnages de ce roman et leurs agissements sont fictifs ; ainsi toute ressemblance avec des personnes existantes ou ayant pu exister ne pourrait être que fortuite !

En aucun cas, l'auteur ne peut être tenu pour responsable des idées et des thèses développées pour les besoins du roman ; ou même des interprétations qui pourraient en être faites ultérieurement !

Remerciements

L'inspecteur Paolo Ottari était devenu une célébrité, que l'on pourrait qualifier de reconnue, lorsque Maxim de la Moulière, le vénérable écrivain qui lui avait donné vie, du moins entre les pages de ses livres, mourut subitement à l'aube de sa quatre-vingt-quatorzième année !

Certes, les choses auraient bien pu en rester là, car après tout, malgré une liberté assez limitée, Paolo avait déjà bourlingué dans le monde entier au gré d'une existence aventureuse imaginée par le vieux maître ; qu'il vénérait par ailleurs ! Il faut bien reconnaître qu'à plusieurs reprises Maxim lui avait sauvé, in extremis, la vie lorsqu'elle s'avérait trop dangereusement menacée !

Bien sûr, compte tenu de ses idées qualifiées pour les uns d'anarchiques, de révolutionnaires pour les autres ou bien encore de subversives, Paolo ne comptait pas seulement que des amis, mais malgré tout, le nombre de ses admirateurs dépassait largement celui de ses détracteurs dont la plupart payaient cher leur soumission à l'image que la société souhaitait leur imposer ; n'étant plus eux-mêmes, à force de concessions au conformisme ambiant, ils n'existaient pas !

Non, le grave dilemme auquel il se heurtait à présent ne résidait guère dans ces considérations somme toute relativement secondaires ; le fait est plutôt que Maxim venait à peine d'entamer l'écriture de ce que lui-même qualifiait devoir être son ultime thriller posthume : « L'OCHJU » ! Force est d'admettre que, à l'apogée de sa carrière, il eut juste le temps d'en écrire la préface, le ciel n'ayant point daigné lui accorder le sursis indispensable à l'achèvement de son œuvre, c'est le moins que l'on puisse dire ! A priori, car c'était sans compter sur la velléité inattendue de Paolo, l'âme de sa seule et néanmoins authentique descendance, son véritable fils spirituel, orphelin laissé pour compte entre les lignes de son ouvrage avorté !

Paolo lui accorda quelques jours afin de lui permettre de s'adapter à sa nouvelle condition ; le temps de faire plus ample connaissance avec la multitude d'entités célestes peuplant l'au-delà ; toutes choses qu'en son humble état d'archétype, il avait lui-même découvert depuis longtemps !

– Hello, bienheureux Maxim ! Me recevez-vous ?

– Cinq sur cinq Paolo, content de t'entendre à nouveau !

– Comment se porte mon vénérable et regretté vieux maître ?

– À merveille dans ce monde de béatitude, de contemplation et de félicité !

– Avez-vous renoncé à votre chef-d'œuvre et par la même occasion oublié votre fils spirituel ?

– Je vois tout, je perçois tout et je communique en permanence avec chaque entité spirituelle ; mon âme est une dans le tout, à la fois unique et universelle ! Ici nous existons hors du temps, le passé, le présent et le futur n'ont aucune réalité, l'instant présent et l'éternité ne font qu'un ! Alors dans ces conditions,

comment pourrais-je oublier une seule seconde de ma propre existence ?

– Réduit à l'immobilité et n'ayant guère vocation à me satisfaire de mon actuelle condition, vous en conviendrez, fâcheusement fantomatique : Que comptez-vous faire Maître, afin d'y remédier ?

– Certes, je veux bien tenter de te secourir mon cher Paolo, qu'attends-tu précisément de moi ?

– Clairement maître Maxim, pourriez-vous achever, ou plutôt entamer la rédaction de « L'ochju » ?

– Eh bien non Paolo, en ma qualité d'être désincarné, il m'est strictement impossible d'écrire !

Par contre et dès à présent si tu le souhaites, il t'est devenu possible de dépasser ta modeste condition de héros de roman et de commencer enfin à exister en réalité, dans un premier temps exclusivement spirituellement ; puis le moment venu, de t'incarner en chair et en os !

– Vous moquez-vous de moi, maître Maxim ?

– Le processus est simple ! Il me suffira de t'insuffler l'esprit afin que, dorénavant, tu puisses disposer ainsi de l'inspiration nécessaire et indispensable à toute création !

– Je trouve le principe séduisant ! Mais alors comment pourrais-je écrire et me faire publier ?

– Rien de plus simple, mon demi-frère Sir Sidney Sireton, de quinze ans plus jeune que moi et qui vit en Angleterre dans la proche banlieue londonienne, connaît l'ensemble de mon œuvre ; il sait donc parfaitement qui est Paolo Ottari : Figure légendaire, hautement estimable selon lui !

Nul doute qu'il se fera un plaisir d'achever mon ouvrage en t'accordant cette ultime chance !

– Dans ce cas puis-je espérer compter sur votre intermédiation active, mon vénérable maître ?

– Oui, mais une seule fois ! Et seulement pour te permettre de faire appel à ses bons services !

– Merci ! À bientôt donc maître Maxim !

Sommaire

Avertissements 7
Remerciements 9
Prologue 15
Chapitre Un 19
Chapitre Deux 25
Chapitre Trois 39
Chapitre Quatre 47
Chapitre Cinq 63
Chapitre Six 81
Chapitre Sept 101
Chapitre Huit 111
Chapitre Neuf 123
Chapitre Dix 131
Chapitre Onze 141
Chapitre Douze 157
Chapitre Treize 169
Chapitre Quatorze 191
Chapitre Quinze 207

Chapitre Seize 227
Chapitre Dix-sept.. 237
Chapitre Dix-huit 253
Chapitre Dix-neuf.. 263
Débriefing.. 277

Prologue

Le 25 octobre 2003, entre la Corse et la Sardaigne, l'accident du sous-marin atomique SNA « Hardfort » n'était certes pas le premier, ni même le dernier survenant à un bâtiment à propulsion nucléaire...

En effet, environ 245 réacteurs nucléaires servent aujourd'hui à propulser les sous-marins, porte-avions, croiseurs et autres brise-glaces, sur toutes les mers ; soit un peu plus de la moitié des quelque 440 réacteurs des centrales nucléaires civiles qui produisent l'électricité de toute la planète ! Ils permettent aux cinq plus grandes puissances nucléaires, que sont les États-unis, la Russie, la Grande-Bretagne, la France et la Chine, de posséder des navires complètement autonomes et de faire de leurs sous-marins les premiers moyens de projection de force et de puissance. Grâce à l'autonomie du nucléaire, les sous-marins peuvent rester presque indéfiniment sous l'eau :

– Avec 45 % de la flotte mondiale, les États-Unis se taillent la part du lion, soit 82 bâtiments dans ce type de propulsion, dont 54 sous-marins d'attaque, 18 SNLE « sous-marins lanceurs d'engins » et 9 porte-avions.

– La Russie, qui possède 25 SNLE, 24 sous-marins d'attaque et sept brise-glace nucléaires, vient en deuxième position avec 36,7 % de l'armada ; cependant depuis plusieurs années un très grand nombre de ces bâtiments de guerre ne sont plus jamais sortis en mer.

– La France et la Grande-Bretagne totalisent environ 15 % de cette flotte, avec 4 SNLE et 6 sous-marins d'attaque pour la France et un SNLE, 5 sous-marins d'attaque pour l'Angleterre ; et la France dispose en outre du porte-avions « Charles-de-Gaulle », en service depuis 2002.

– La Chine détient environ 3,3 % de la flotte nucléaire mondiale, ce qui fait d'elle la première flotte nucléaire de l'Asie du sud-est ; une flotte qui devrait lui permettre de s'imposer comme une force redoutable en mer de Chine et dans l'océan Pacifique, jusqu'alors chasse gardée des États-Unis.

En l'absence de témoins civils, les incidents, surtout s'ils ne sont pas d'une extrême gravité, sont rarement connus ; et nous ne devons pas non plus oublier que les standards de sécurité en vigueur sur les sites militaires sont plus bas que ceux requis pour les réacteurs à usage civil. Aucun réacteur destiné à la propulsion militaire n'obtiendrait d'autorisation pour servir au fonctionnement d'une installation nucléaire terrestre produisant de l'énergie…

La liste des accidents survenus à ces submersibles étant relativement longue, seuls les exemples les plus marquants peuvent être portés à la connaissance du public :

– Le 9 février 2001 : Le sous-marin américain USS « Greeneville », avec plusieurs civils aux commandes, entre en collision avec un navire-école de pêche japonais au large d'Honolulu ; neuf membres d'équipage du bateau école seront malheureusement portés disparus.

– Le 12 août 2000 : Le sous-marin russe « Koursk », transportant 24 missiles atomiques, explose par 108 mètres de fond en mer de Barents ; 118 marins y trouvent la mort.

– Le 18 mai 1996 : La collision entre le sous-marin d'attaque américain USS « Jacksonville », et un cargo saoudien dans l'Atlantique nord, au large de la base navale américaine de Norfolk, provoque des dégâts matériels sur les deux bâtiments, mais ne fait pas de victime.

– Le 30 mars 1994 : Dix marins périssent à la suite d'une explosion à bord du sous-marin d'attaque français « Émeraude », alors en plongée entre la Corse et Toulon.

– Le 18 août 1993 : La collision entre le sous-marin d'attaque français « Rubis » et le pétrolier « Lyria » au large de Toulon provoque d'importants dégâts et un début de pollution pétrolière.

– Le 7 avril 1989 : L'explosion à bord du sous-marin soviétique « Komsomolets » déclenche un violent incendie ; il coulera à 500 km des côtes Norvégiennes en faisant 42 morts.

– Le 9 avril 1981 : À l'est de la mer de Chine, la collision entre le sous-marin américain « George Washington » et le cargo japonais « Nissho Maru » se soldera par deux morts.

– Le 13 juin 1973 : En mer du Japon, une violente collision entre un sous-marin nucléaire soviétique porteur de missiles de croisière et un navire de surface, fait au moins 27 morts.

– Le 12 avril 1970 : Selon le Pentagone, un submersible soviétique disparaît dans l'Atlantique au large des côtes d'Espagne. Au moins 88 marins soviétiques y auraient trouvé la mort.

– Le 21 mai 1968 : Le sous-marin nucléaire américain « Scorpion » disparaît entre les Açores et la côte Est des États-Unis ; le bilan s'avère relativement lourd, avec 99 morts.

– Le 10 avril 1963 : Le sous-marin atomique américain « Thresher » disparaît au large des côtes de la Nouvelle Angleterre, enregistrant le triste bilan record de 129 morts.

Chapitre Un

L'espionnage s'est diversifié, son influence sur les relations internationales s'est accrue et a atteint de nos jours une sophistication inconnue jusque-là : conspirations, assassinats et autres guerres psychologiques se sont ajoutés à la simple collecte de l'information[1].

L'inspecteur Paolo Ottari vous le confirmera volontiers, depuis la tragique agression du 11 septembre 2001, le monde est au bord de la déflagration ; en état de guerre, les militaires américains s'activent et les services secrets occidentaux sont sur les dents !

La nébuleuse terroriste s'avérait difficilement contrôlable, c'est pourquoi les hommes du renseignement, tels que Paolo Ottari et bien d'autres, menaient courageusement leurs investigations, la plupart avec les moyens du bord, pour ne pas dire « à la bitte et au couteau », le plus souvent bien loin de

---

1. « Les hommes pratiquent l'espionnage depuis des temps immémoriaux : on peut même dire que c'est le deuxième plus vieux métier du monde ! Tous les souverains l'ont utilisé pour se protéger de leurs adversaires, réels ou imaginaires. Bien que l'espionnage n'ait pas changé la face

l'imagerie cinématographique populaire pleine de sophistications technologiques !

*

* *

Depuis plusieurs années, la vague d'agressions terroristes visait l'US Navy. Fin 2003, le « Squadron Submarine 22 » basé à Santo Stefano, une île de l'archipel « Maddalena » au nord de la Sardaigne, fut l'objet d'attentions délicates ! Avec notamment, d'une part, la tentative d'intrusion de la base militaire sous-marine et d'autre part, l'attaque du sous-marin atomique SNA « Hardfort », et cette fois dans les eaux des « Bouches de Bonifacio » au sud de la Corse.

Cette dernière attaque, officiellement qualifiée par les autorités de « simple accident », mit le feu aux poudres ; éveillant tour à tour l'intérêt des services secrets américains, anglais, français et italiens, mais aussi celui d'associations

---

de l'univers, il ne peut remplacer à lui tout seul la sagesse des lois ou modifier les impératifs politiques ou militaires, son influence sur les relations internationales s'est dramatiquement accrue pendant la seconde partie du vingtième siècle, quand les deux super-puissances et leurs alliés respectifs, guidés par des idéologies irréconciliables, ont mené un combat mortel pour dominer le monde. Après les crises de forme classique des années 1950-1960, l'espionnage s'est diversifié et a atteint une sophistication inconnue jusque-là : guerre psychologique, conspirations, assassinats se sont ajoutés à la simple collecte de l'information. La recherche du renseignement a été transformée par l'utilisation des satellites, des lasers, des ordinateurs et autres gadgets dans le but de percer les secrets à travers l'univers. Les méthodes ont pu varier, la technologie se développer, le rôle de l'espion, lui, demeure comme toujours un facteur majeur ! » Oleg Kalugin – ex directeur du 1er bureau du KGB.

écologistes françaises et italiennes, mettant à mal les militaires et les hommes politiques de leurs pays.

Malgré la gravité des événements, les Italiens estimèrent inutile d'en informer les services français concernés ; lesquels services exerçaient depuis la Corse une incessante « surveillance rapprochée » de leurs voisins Sardes. Ils n'ignoraient donc presque rien de leurs faits et gestes, et en particulier des activités de la base navale américaine. La présence « préoccupante » en Corse et en Sardaigne de ressortissants « indésirables » de la mouvance islamique, menaçant la sécurité, ne fit qu'accroître leur vigilance...

Les Américains, quand à eux, diligentèrent une double enquête, l'une officielle, et dans la plus totale discrétion, une autre officieuse, à l'aide de l'importante panoplie des moyens à leur disposition. Entre autres, ceux du NSA[2], avec l'envoi sur l'île Cavallo, à l'extrême sud de la Corse, d'un de leurs

---

2. La NSA ou « National Security Agency » est un organisme officiel dont le siège se situe à Fort Mead, près de Washington ; lequel dirige plus de 100.000 agents et fonctionnaires à travers le monde et dispose d'un budget supérieur à des d'organisations comme le FBI et la CIA.

Créée en 1952, la NSA a trois fonctions principales : elle veille à ce que les données secrètes ne tombent pas entre les mains d'autres pays, elle écoute les transmissions du monde entier en décryptant les messages de puissances étrangères, enfin elle est chargée du chiffre civil et militaire et s'oriente aujourd'hui vers la lutte anti-terroriste ; les interventions « musclées » ne relèvent pas de ses compétences !

Son activité en cryptologie est la raison pour laquelle la NSA emploie les meilleurs spécialistes d'encryptage ou de décryptage, avec l'aide de puissants ordinateurs capables de « casser » n'importe quel code ! Les écoutes concernent bien évidemment aussi certains points sensibles tels que les ambassades et les ministères, etc.

experts du renseignement, Bart Eagle, chargé plus spécialement « d'être à l'écoute » et de « prendre la température » localement ! Néanmoins, dans le cadre des relations « historiques » de coopération avec l'Angleterre, les services britanniques furent régulièrement informés : c'est à partir de là que les choses se compliquèrent !

À la demande d'une discrète officine rattachée au MI6[3], Sidney Sireton, un homologue britannique et ami de Paolo Ottari, dépêcha sur les lieux l'un de ses agents, Jack D. Quelques jours après son arrivée, se trouvant sans doute au mauvais endroit et au mauvais moment, celui-ci disparut soudainement, sans laisser la moindre trace ! Après s'être rendu en Corse pour tenter d'éclaircir les conditions de sa

---

Afin de lutter contre le terrorisme, l'agence NSA dispose de moyens d'interception des communications, les systèmes d'écoute de Menwith étant les plus connus. Mais elle a aussi recours à plusieurs stations d'écoutes téléphoniques, notamment en Angleterre, Nouvelle Zélande, Japon, Australie,... et à des satellites (Mercury, Mentor, Trompet, ...) qui « filtrent » les communications radioélectriques (radio, télévision, relais téléphonique), plus un système de reconnaissance vocale de mots clefs et/ou de voix. Après sélection et traitement, seules 10.000 à 12.000 communications en moyenne sont journellement exploitées...

3. Créé en 1919, officiellement appelé « Secret Intelligence Service », le MI6 avait pour objectif de recueillir des informations par des moyens couverts dans des pays étrangers. En 1994, ses prérogatives ont été étendues. Si des individus en dehors des îles britanniques sont soupçonnées de trafics ou d'espionnage, le SIS a toute liberté d'agir pour protéger les intérêts de la Grande-Bretagne ou bien encore de détecter et prévenir des activités criminelles d'envergure. Sir David Spedding dirigea le MI6 jusqu'en 1999, un service qui emploie 2.000 personnes et dont le siège se trouve à Londres, sur les bords de la Tamise ; Sir Richard Billing Dearlove en a actuellement la direction.

disparition, puis exploré les lieux présumés de celle-ci, en vain, Sidney Sireton sollicita l'aide de l'inspecteur Ottari.

Habitué à collaborer de longue date avec son ami Sidney, qui lui fit parvenir un dossier complet sur les incidents, Paolo accepta sans discuter de se rendre en Corse…

Chapitre Deux

L'Airbus A320 d'Air France venait d'entamer sa descente vers l'extrême sud de la « Kallisté », l'île baptisée par les Grecs « la plus belle », ce en vue d'une approche à destination de l'aéroport 'international' de Figari : troisième aéroport de Corse !

À la verticale de Palombaggia, l'appareil amorça un large virage vers le nord, juste au-dessus de la Méditerranée, offrant aux yeux des passagers de la rangée de gauche, le sublime spectacle de son littoral où se nichent les plus belles plages de « l'île de beauté » ; une longue succession de baies et de criques sauvages, baignées d'une eau turquoise transparente, offrant tous les dégradés de bleu !

À l'est de San Ciprianu, superbe longue plage de sable fin située à douze kilomètres au nord de Porto-Vecchio, l'A320 se rétablit juste dans l'axe de la piste pour sa finale entre les maquis des massifs montagneux de l'Alta Rocca, laissant loin à droite les somptueuses aiguilles de Bavella !

L'atterrissage se déroula en douceur, malgré l'effet de sol aggravé par une température estivale avoisinant les quarante-trois degrés à l'ombre. Le hall de l'aérogare, passablement surchauffé, ne lui offrit guère le moindre réconfort. Comme cela avait déjà été le cas au départ dans la salle d'embarquement, il se sentit épié sans pouvoir en localiser la provenance, sensation étrange, voire désagréable, à laquelle Paolo mit fin en s'empressant d'aller récupérer la petite Renault Clio de location, heureusement climatisée, qui l'attendait chez le loueur « Europcar », de l'autre côté du parking !

Paolo Ottari connaissait parfaitement la départementale d'une vingtaine de kilomètres menant à Porto-Vecchio, place forte génoise érigée vers 1540 au fond d'un golfe de huit kilomètres particulièrement découpé et fermé, dominant à plus de 70 mètres la mer et ses marais salants. Certes autrefois ville fortifiée, malgré tout aujourd'hui station balnéaire en pleine expansion. Le tourisme constituant sa principale activité, avec son petit port de plaisance et celui de commerce, dont les récentes lignes maritimes avec l'Italie accentuent l'explosion touristique.

L'été, « Porto-Vecch' », étymologiquement « vieux port », vit en effet à l'heure italienne ; il s'y vend d'ailleurs moins de journaux parisiens que de magazines romains et les commerces prospèrent en partie grâce au bon pouvoir d'achat italien. Les Français détroussés de leurs revenus en raison de la gabegie effrénée et de la rapacité étatique, devenant par la force des choses… plus économes !

Paolo avait depuis longtemps compris que le racket économique et financier imposé à la France qui produit, sous couvert d'une pseudo idéologie de solidarité, servait avant tout à préserver la caste administrative, politique et syndicale ; laquelle après s'être autoproclamée « dirigeante », s'était progressivement octroyé tous les pouvoirs !

Favorisant l'éligibilité des salariés de la fonction publique, tenus tout au plus de démissionner de leur poste, en aucun cas de l'administration, elle en interdisait de fait l'accès aux autres ; et l'on ne peut guère attendre des apparatchiks du système qu'ils se coupent l'herbe sous le pied ! D'ailleurs, la très brillante analyste politique H.C.E. ne déclarait-elle pas, au terme de ses conférences d'avant 1990 sur le déclin annoncé de l'URSS « La France n'a rien à envier au modèle soviétique, qu'elle a dans bien des domaines largement dépassé ! ».

Tenaillé par la faim, Paolo conduisait prudemment compte tenu de la relative fréquentation de la D859, sinueuse et étroite, notamment à la traversée des villages de Figari et de Sotta. Malgré le charme de la Ville Haute, avec ses terrasses de café et l'église Saint Jean Baptiste, Paolo savait que, nonobstant la bonne volonté et la gentillesse de ses sympathiques restaurateurs, Porto-Vecchio ne constituait point, sauf exceptions, une référence en matière de gastronomie ! Il décida donc de poursuivre sa route vers San Ciprianu en remontant vers le nord en direction de Bastia, et s'arrêta à la sortie de la ville. Affamé et assoiffé, il se dirigea rapidement vers le « Grand Marché » et son restaurant sans prétention proposant à une clientèle majoritairement locale une cuisine de type familiale et relativement bon marché. L'établissement était plein !

Dès son entrée et sans en avoir l'air, le patron le gratifia d'un « Bonjour Monsieur, heureux de vous recevoir, comment allez-vous ? » et sans attendre de réponse le dirigea vers la seule table encore disponible. Troublé, Paolo ne répondit pas ; bien que n'ayant pas fréquenté ces lieux depuis de nombreuses années, le patron l'aurait-il réellement déjà identifié comme étant l'ex inspecteur du SRPJ de Marseille ? En tout cas la plus grande discrétion s'imposait à l'avenir !

Après avoir commandé le menu du jour, avalé la traditionnelle assiette de charcuterie corse et dans l'attente de son omelette au broccio, Paolo se mit à penser qu'ici tout devenait possible, rien qui ne soit rationnel : ni le climat, ni le relief, ni les passions, ni même les Corses !

Cette île dressée au milieu de la Méditerranée comme un gros rocher au relief accidenté, rebelle, secrète et tragique, à la nature sauvage faite de rocailles et de parfums suaves, toute à la fois un mélange d'austérité et de volupté, était encore capable d'attiser bien des convoitises ! Convoitises historiquement avérées de ses voisins barbaresques, Grecs, Romains, Italiens, Espagnols et Français, et qui n'en demeurent pas moins toujours envisageables de nos jours ! La Corse « souvent conquise, mais jamais soumise ! » ne sera jamais une région de plus sur la carte de France : comme semblent vouloir l'envisager la plupart des fonctionnaires et politiques du continent !

Tout comme, à une autre échelle, il existe une France « officielle » de surface et celle invisible qui distribue des corrections, mais subit aussi les coups portés par ses adversaires ou concurrents. France discrète, gérée par des officines spécialisées chargées de surveiller et de défendre ses intérêts économiques et stratégiques : pas toujours très efficacement, il faut bien en convenir ! Paolo en tant qu'acteur « au front » et donc observateur était bien placé pour le savoir. Il est certes plus commode de se donner bonne conscience,... que de devoir affronter les réalités !

Réalités ô combien contemporaines ! Royalement ignorées de l'angélisme national béat qui préside sur le continent, masquées par l'idéologie régnante, surannée et décalée :

« Ne leur donnez pas les pelles avec lesquelles ils vous enterreront » écrivit en son temps Alexandre Soljenitsyne ; eh bien, les fossoyeurs de la France sont depuis bien longtemps dans la place et leur œuvre subversive a malheureusement fait son chemin, ouvrant grand la route aux « lendemains qui déchantent… ».

Tout en dégustant son excellente omelette au broccio, Paolo reprit le cours de ses pensées ; pensées à vrai dire quelque peu désabusées, mais ne l'étaient-elles pas depuis longtemps ! Avant lui le grand poète Goethe affirmait : « Il n'y a rien de pire que l'ignorance agissante ! »… sic !

Réalités d'un pays ayant dépassé le point de non-retour dans presque tous les domaines susceptibles d'assurer son avenir ; les fruits de la démagogie et de la lâcheté politique seront bien amers : « Bon sang de "cocorico", clameront-ils en s'éveillant : ne disposions-nous pas des meilleurs systèmes au monde de protection sociale, d'éducation, de justice, de retraite et de soin… ? ».

Réalités de nations se livrant une guerre sans merci et à peine secrète, à travers laquelle les rares attentats ou crimes connus du public seront toujours officiellement et grossièrement présentés comme étant tous d'origines accidentelles ; le simple doute n'y ayant jamais place : lors de l'explosion de l'usine « AZF », par exemple, fort louablement, afin de rassurer l'opinion publique alarmée, le Procureur de la République fit « immédiatement » porter à la connaissance des citoyens, l'origine purement accidentelle de la déflagration…

– Stop Paolo ! Tu flirtes avec le risque de trouble à l'ordre public, ton devoir de réserve, STP !

Sur ces peu réjouissantes considérations, Paolo avala plus qu'il ne dégusta une belle part de gâteau aux châtaignes, vite suivie d'un café corse allongé. Tout cela était du passé et compte tenu de son âge, Paolo savait qu'il ne referait pas le monde de si tôt ! Va bene ! Le soleil brillait et la perspective de se rendre à la plage de Saint Cyprien et peut-être y prendre un bon bain, le réjouissait !

Sa montre affichant à peine quinze heures, il disposait donc de trois bonnes heures de totale liberté…

Bien que le recherchant des yeux en sortant de la salle, il ne revit cependant plus le patron du restaurant !

*

*   *

Au rond-point évocateur de « Cala Rossa », des souvenirs d'un autre temps refirent surface, certes incertains, fragiles et éphémères, cruellement soumis aux épreuves du temps !

Rappels plus que prévisibles auxquelles Paolo s'attendait, mais une étrange sensation de dédoublement s'imposait : « Était-ce bien moi, Paolo Ottari, dans cet hôtel de luxe au bord de l'eau ou la vision d'un autre homme ; qu'avons-nous en commun, hormis le même nom ? ».

Paolo ne savait pas lequel des deux hommes avait gré à ses yeux : celui encore innocent, car à cette époque terriblement naïf, ou bien cet autre parfaitement averti, mais sans plus aucune illusion !

Il s'avoua honnêtement que ce débat, absolument futile et sans issue, lui servait en fin de compte à refouler un profond sentiment de culpabilité qui le taraudait dès lors qu'il repensait à Elle : « Pourtant je la devine parfois, alors mon esprit et mon corps revivent chaque ivresse passée. ».

Troublé par la violente réminiscence de ce lointain passé, qui jusqu'alors lui semblait révolu, il ralentit, se gara sur le bas-côté et arrêta le moteur ; il dénoua sa cravate et retira son veston qu'il plia soigneusement sur la banquette arrière, puis rejetant la tête en arrière, il ferma les yeux…

L'inspecteur Ottari fut aussitôt submergé par une vague d'images et de sensations dont la précision le surprit :

« Je l'aimais alors éperdument, j'aimais lui faire l'amour, et recevoir l'hommage de sa nudité la plus extrême… ! ».

Décidément, cette île mystérieuse ensorcelait tous ceux qui, un jour, y posaient les pieds ; et l'histoire reprenait exactement là où elle s'était arrêtée une quinzaine d'années auparavant. Entre temps, rien ! Au-delà de son territoire, l'altière « Kallisté » dédaigneuse, ignorait tout !

– Paolo tu n'es qu'un pauvre C… ! Quel besoin avais-tu de te distraire de celle qui t'aimait ? Mais précisément, la vie ne consistait-elle pas, le plus souvent, à se distraire de ce que l'on est vraiment au plus profond de nous-même…

Résigné, Paolo dut admettre que la grandeur et la noblesse de ses bien trop platoniques amours ne suffiraient plus dorénavant à combler le vide affectif d'une vie jusqu'alors exclusivement consacrée à ses activités professionnelles :

Côté cour, il s'était investi sans aucune limite ; côté cœur, mieux valait oublier le vide sidéral de sa vie affective !

La température s'éleva rapidement au point que la chaleur devint assurément insupportable : était-ce la conséquence de ses licencieuses bouffées de chaleur ou simplement celle de la climatisation ne fonctionnant plus à l'arrêt ? Dans le doute, il actionna le démarreur et reprit sa route...

Au carrefour désertique, face à la station-service, il constata non sans amusement que, malgré les années, le ranch délabré « snack-bar », digne de « Bagdad Café », tenait toujours debout ! Paolo se dit que rebaptisé ainsi et après un léger coup de peinture, cet endroit atypique attirerait les touristes comme des mouches, en faisant rapidement la fortune de son propriétaire !

Lors de son arrivée à Saint-Cyprien, la magnificence de la baie, qui s'étire longuement entre les pointes de San Ciprianu et d'Arasu, lui fit oublier sur-le-champ son angoisse métaphysique. Par rapport à ses souvenirs, l'endroit ne présentait en réalité que bien peu de changements et le bord de plage, avec quelques cabanons en ruine, gardait encore les séquelles des opérations de plasticage opérées par le F.L.N.C. Plus de quinze ans s'étaient écoulés depuis cette époque. La station balnéaire s'était faite plus discrète, plus familiale et surtout beaucoup plus calme !

Ignorant le monde qui l'entourait, Paolo s'étendit sur le sable chaud et s'assoupit à demi...

...

D'abord lointaine, mais cependant familière, sourde, timide, muette, puis bientôt menaçante, annonciatrice d'une tempête redoutable car la plus souvent dévastatrice, la douleur creusait inexorablement son lit au plus profond de l'âme de Paolo. Fidèle compagne, souvent refoulée et parfois reniée, de nouveau elle s'apprêtait à déferler en vagues successives de souffrances, de regrets et de désespoir, qu'aucune digue humaine ne pourrait bientôt plus contenir…

« Marine, mon amie, mon amour, fille unique du temps et de l'espace, lumineuse sirène, méditerranéenne, douce et volontaire, pourquoi m'as-tu abandonné ? Depuis longtemps déjà, au terme de notre adolescence, un homme t'a emportée consentante dans sa galaxie, enlevée de ma vie sans même un regard, sans même savoir que je t'avais déjà fait mienne ! Alors, cruellement, la porte de notre innocence s'est lourdement refermée, verrouillée à jamais. Depuis ce jour maudit, acteur déchu, donnant la réplique à quelque invisible partenaire, tu es l'adorateur damné de l'étoile inaccessible, cet astre mort qui brille au firmament de la voûte. Vision terriblement présente d'un lointain passé, lame de fond balayant toutes les résistances ! La peur s'installe dans le noir glacial de la solitude, il y fait si froid que la gorge me serre, naufrage dans la nuit obscure, déchaînement des éléments que nulle prière ne peut calmer. Amour perdu, vain, donc inutile, la raison m'indique qu'il est aujourd'hui beaucoup trop tard, pourtant, absurdement, j'espère quelque chose, peut-être parce que la vie est éternelle renouveau. L'amour est comme un jour : promesse de l'aube, soleil au zénith, semence au crépuscule ! Ainsi secrètement, au cœur de l'apparente mort, germe la fleur aux couleurs éclatantes, elle renaîtra, resplendissante de lumière et de beauté, pour l'extase de l'âme et le regard des yeux. Je guette obstinément le premier bourgeon né de la graine d'un jour, messager de la nouvelle saison, de ce printemps depuis longtemps annoncé. Quelque chose de grand refleurira bientôt à la mesure de cet amour, source de vie, d'où jaillira la joie intense du vrai bonheur retrouvé. Marine, absente présence, ta musique m'envahit. La vie est un chant d'amour et tu es ma mélodie, légère, aérienne. Tu es mon modèle, ma conscience, la femme archétype, image incarnée de l'amour le plus pur, lumière vivante de ma propre vie. Je ne suis plus totalement seul car je te devine dans le regard d'autres femmes, ton image me guide vers la source de vie plus sûrement que toutes les philosophies du monde, ta grâce et ta beauté me submergent ! »

Paolo fut soudainement réveillé en sursaut par les cris aigus et les rires cristallins de jeunes enfants se poursuivant sur le sable ; aveuglé par la réverbération et le scintillement du soleil sur la mer, il plissa les yeux ; le cerveau embrumé, l'âme nostalgique et mélancolique, il se remémora alors l'à-propos des réflexions poétiques et subtiles de l'écrivain Christian Bobet :

« Lorsqu'on aime, on prend le risque d'être irrémédiablement seul. Dans le désert immense qu'il faut alors traverser en solitaire, ce sans espoir de retour, on va alors manquer de tout ! La souffrance née de l'exil vous impose le silence ; seulement plus tard, bien plus tard, en accord avec cet exil, on consentira de soi-même au silence intérieur et à l'aridité du désert ! ».

Marine, cette jeune femme mythique qui s'imposait parfois à lui dans ses rêves, le mettait dans tous ses états : un plongeon dans l'eau de la baie s'imposait d'urgence ! Le même groupe d'enfants qui l'avait réveillé brutalement le suivit jusqu'au bord des vagues. Il se prit au jeu et s'amusa à les éclabousser gentiment ; par mimétisme ceux-ci répliquèrent : « Dis monsieur, tu veux bien jouer avec nous ? ». « Oui ! Qui veut monter sur mes épaules ? »

Bien qu'il n'avait pu fonder de famille, son aura de papa gâteau attirait les enfants pour leur plus grand bonheur ; lesquels se sentaient à juste titre en confiance, et les mamans aussi ! Quoiqu'il puisse être confronté avec des comportements humains sordides, depuis toujours les enfants spontanément livrés à eux-mêmes, c'est-à-dire un tantinet éloignés de leurs parents, arrivaient aussitôt à le réconcilier avec la vie. Comme vous l'avez certainement déjà constaté, en l'absence de leurs maîtres, les chiens ne s'agressent pratiquement jamais seuls entre eux !

Paolo Ottari possédait deux qualités : celles d'un homme aimant et prodigieusement intuitif. Depuis toujours, il savait qu'à la fin de notre courte existence, le seul héritage transmissible était celui de l'amour, des émotions et des sentiments, déversés dans le cœur des êtres aimés.

D'origine Corse par sa mère, et assez peu italienne par son père adoptif, Paolo naquit à Marseille un soir de 11 mai 1945. Après la fin de la guerre ses parents émigrèrent au Pérou auprès d'une communauté corse très active et s'y fixèrent définitivement. Une fille et un garçon vinrent par la suite compléter harmonieusement la famille qui s'épanouit de manière heureuse.

Rapidement, Paolo éprouva le besoin impérieux de se rapprocher de ses racines ancestrales, c'est du moins ce qu'il affirmait à ses amis, les rares fois où cette question lui était formulée ; cependant, il caressait au fond de lui l'espoir de retrouver ce qui fut le grand amour de sa vie !

Malgré la vénération qu'il portait à sa mère et une profonde affection pour son père adoptif, dès sa majorité, il effectua donc résolument le grand saut vers Marseille, la ville de ses fantasmes où, pour commencer, il devint simple fonctionnaire de police. Intelligent et acharné au travail, ambitionnant une carrière de Commissaire de Police, il gravit naturellement les échelons lui permettant d'atteindre l'objectif qu'il s'était fixé.

Nommé au SRPJ de la ville à une époque où traquées sans relâche, les grandes figures du banditisme marseillais traditionnel tombaient l'une après l'autre, l'inspecteur Ottari se fit remarquer localement et surtout en haut lieu.

Plus précisément, le Ministère de l'Intérieur et des Affaires Étrangères lui confia la direction d'une officine « underground » chargée de mener secrètement certaines enquêtes hautement confidentielles sur le sol français, les territoires d'outre-mer et le cas échéant à l'étranger. Sous réserve de limites financières, de rapports anonymes réguliers et de résultats probants, l'officine, inexistante officiellement, disposait d'une totale autonomie d'action et de décision. Seules les ordonnances d'intervention directes « sur site », et les interventions elles-mêmes, ne relevaient heureusement pas de ses compétences, hormis au niveau du renseignement utile.

À la tête de sa très confidentielle équipe, Paolo s'avéra vite un enquêteur hors du commun, véritable caméléon capable de se fondre rapidement dans un environnement totalement étranger : observer, analyser, recueillir des confidences, identifier et loger ses cibles, les infiltrer, etc.

Jusqu'à dans sa tenue vestimentaire, toujours vêtu d'un costume d'un gris passe-murailles et d'une cravate de couleur discrète, tout concourait à le rendre quasiment invisible en tout lieu ; il ne suivait pas la mode et ne portait aucun signe extérieur permettant de le distinguer…

Compte tenu de ses activités et de son expérience, Paolo n'était pas homme à se laisser séduire par les sirènes médiatiques et politiques des gourous de la pensée unique.

Fort de cette activité « enrichissante » qui lui convenait, l'inspecteur Ottari apprit en effet à découvrir la face cachée de la vie, à voir et entendre ce que « le monde » ne voit pas et n'entend pas : les activités publiques et privées occultes, le torpillage incessant des nations entre elles, la manipulation médiatique facilitée par l'existence des agences de presse et le « copier/coller », l'absence d'investigation et de vérification, le manque de professionnalisme des journalistes. Pour Paolo, les palmes de la désinformation, de la « non information » et de la sous-culture institutionnalisée, revenaient assurément aux journaux télévisés et à l'inqualifiable niaiserie de leurs présentateurs qui, feinte ou non, n'en demeuraient pas moins les complices méprisables de l'omerta nationale…

Au-dessous de cet écheveau inextricable, qu'il faut alors traiter au coup par coup et sans relâche, comme on arrache les herbes envahissantes d'un jardin condamné à retourner à l'état sauvage, le bon peuple ! Bêlant et fidèle à la religion « cathodique » officielle, que l'on occupe à savoir s'il lui faudra démocratiquement voter vert/rouge ou rouge/vert ; s'il est ou non « antiraciste », sachant que ne pas être antiraciste c'est être raciste et que par nature les racistes sont tous de race blanche et de souche française, l'inverse n'ayant jamais même été envisagé ! Sans omettre les repentances du colonialisme, celles de l'esclavage, des croisades, de l'antisémitisme et de la torture ; la laïcité et le laïcisme, l'esprit social et le socialisme, l'intégrisme, le port du voile, de la burka et du casque intégral... L'exploitation du sentiment de culpabilité présentant l'immense avantage de ne présenter aucune limite !

Contrairement à la grande confusion entretenue, dans l'esprit de beaucoup de Français, à l'aide d'incantations, les plus souvent démagogiques, les idéologies en « isme » ne peuvent en aucun cas se confondre avec l'esprit social ! Bien au contraire, par une perverse inversion, elles tendent alors à instaurer, puis à renforcer les pouvoirs étatiques : gestion étatique de la production nationale, accroissement du nombre de ses fonctionnaires, contrôle de l'état d'esprit des gens et des biens !

Pendant ce temps, de mauvais garnements se balançaient des baffes derrière le dos des parents ! Gare à celui qui s'y fait prendre, dans cet univers l'argument « C'est lui qui a commencé ! » n'ayant pas cours, de dures sanctions frapperont à la fois l'exécutant et son commanditaire !

Konrad Lorenz le déclara le plus sérieusement du monde, mais le monde n'était pas en mesure de le comprendre : « Le chaînon manquant entre le singe et l'homme, c'est nous ! ».

Chapitre Trois

Le soleil commençait à faiblir, lorsque l'inspecteur Ottari entama la lecture de l'imposant rapport que Sidney Sireton avait eu la délicatesse de lui faire parvenir : en français !

Le 25 octobre 2003, entre la Corse et la Sardaigne, le sous-marin atomique SNA « Hardfort » de la base américaine de Santo Stefano, située dans l'archipel de La Maddalena en Sardaigne, heurtait violemment, à plus de 35 km/h, les fonds sous-marins dans les Bouches de Bonifacio, ce à peine treize minutes après son immersion ; endommageant gravement son gouvernail, la zone inférieure du bâtiment et par chance, une partie seulement des ballasts principaux. Curieusement, malgré sa destination Nord-Ouest initiale, il enregistrait alors un cap Nord-Est ; manœuvre destinée peut-être à s'assurer qu'il n'y avait aucun bâtiment dans son sillage, c'est-à-dire dans une zone où effectivement les senseurs les plus courants ne peuvent entendre. Le sous-marin retourna en catastrophe à la base de San Stefano. Il la quittera ensuite le 18 novembre, après plus d'un mois de réparations sur place, pour les chantiers US de Norfolk, en Virginie…

Selon les autorités, le submersible de l'US Navy avait « brièvement heurté » le fond de la mer, entre les îles sardes de la Maddalena, de Caprera et de San Stefano, à environ 6 milles au sud de Bonifacio ; mais l'accident ne fut annoncé publiquement que le 12 novembre seulement !

Le rapport préliminaire sur l'accident du SNA Hardfort, concluait que plusieurs avertissements de défauts dans le système de navigation du sous-marin apparaissaient déjà, au moins un an avant l'accident, lors d'une inspection en janvier 2002.

L'équipage de l'USS Hardfort n'aurait pas utilisé correctement les systèmes d'avertissement du sondeur et de gestion électronique des trajets VMS ou « Voyage Management System », lesquels ont tous deux joué un rôle dans l'accident survenu un an plus tard : selon ce rapport !

Au cours d'une autre inspection en août 2003, l'équipe de navigation du Hardfort aurait été jugée déficiente dans le processus de correction des cartes ; lors de la certification d'octobre 2003, elle ne serait pas parvenue à reconnaître correctement l'ensemble des dangers pour la navigation…

Le rapport soulignait aussi une série de faiblesses dans le processus de navigation, avant même l'appareillage du Hardfort, conduisant à l'échouement du 25 octobre 2003, et blessant une partie de l'équipage, dont certains assez gravement pour nécessiter leur hospitalisation d'urgence :

« Les équipes de navigation et de commandement du Hardfort n'ont pas réussi à préparer et à exécuter un trajet efficace garantissant une navigation sûre et prudente du sous-marin » conclut pour finir le rapport d'investigation, « C'est la cause fondamentale de l'échouement ! ».

Le rapport décrivait l'invraisemblable scène des premières minutes suivant l'accident : « Alors que le sous-marin se trouvait presque stoppé, avec son indicateur de vitesse bloqué à 23 nœuds à la suite au choc, l'ingénieur de quart qui ne s'en était même pas rendu compte, n'a entrepris aucune action essentielle permettant de compenser la manœuvrabilité réduite du sous-marin à faible vitesse. ».

« Cela aurait pu avoir des conséquences dramatiques » mentionnait ce même rapport, décidément en contradiction totale avec lui-même. « Bien que ce manque de réaction et de manœuvre n'ait pas contribué à l'échouement, il aurait pu conduire à la perte du sous-marin et de son équipage si les ballasts n'avaient contenu suffisamment d'air pour fournir le mouvement vers la surface... ».

Pourtant, un peu moins de 6 secondes après le choc, l'équipage du Hardfort provoquait la remontée d'urgence !

Après plus d'un mois de réparations, l'US Navy a convenu que l'importance des dégâts rendait très difficile le rapatriement du submersible dans les chantiers de Norfolk.

Le rapport fournissait des détails sur les dégâts subis par le submersible, et estimait les réparations à plusieurs millions de dollars, en précisant que : « une évaluation est actuellement en cours par des techniciens, dont le résultat pourrait considérablement augmenter cette estimation... ».

Bien qu'il rende hommage, au bon arrimage du matériel avant l'accident, évitant ainsi que le matériel mal arrimé ne se transforme en missiles mortels, et aux réactions remarquables de l'équipage face aux problèmes mécaniques et médicaux survenus à la suite de l'accident, le rapport attribuait la responsabilité de la collision aux équipes de navigation et de commandement du Hardfort.

Il mettait aussi en cause le « Squadron Submarine 22 », estimant que l'escadrille aurait dû en faire plus pour préparer le sous-marin : « L'escadrille n'a pris aucune mesure pour corriger les déficiences identifiées dans les procédures de navigation. Elle n'a même pas exigé de rapport sur les mesures prises pour corriger en interne les problèmes du navire. L'escadrille n'a pas vraiment contrôlé les performances de l'équipe de navigation du Hardfort, alors en sous-effectif, avec deux postes non occupés, l'adjoint de navigation de l'escadrille ayant été affecté sur un autre submersible ! ».

Le rapport mentionnait que le document « Subnote », indiquant la route et la vitesse moyenne, avait été remis à l'équipage du sous-marin deux jours avant l'appareillage, il devait réglementairement être transmis 3 à 5 jours avant.

Cependant, il précisait que le Commandant et le reste de l'équipage, ayant passé autant de temps à examiner et à réviser les cartes qu'ils le faisaient d'habitude, ce manquement n'avait pas pu contribuer à l'accident :

« Bien que le sous-marin ait estimé que la communication tardive n'ait pas eu d'influence sur la façon de préparer et d'approuver la route à suivre, les procédures manquaient de la rigueur nécessaire pour s'assurer que la préparation d'un tel voyage était correctement effectuée… ».

Le porte-parole de l'Amiral, Commandant de la Flotte en Méditerranée, indiquait par ailleurs que ce rapport n'était qu'un document interne, destiné à un examen rapide des causes de l'accident : « Je ne vais pas discuter du contenu d'un rapport qui n'a pas été publié ! » déclara-t-il alors. Tout en spécifiant que le rapport final de l'enquête de commandement serait, quant à lui, publié prochainement.

Le Commandant du Hardfort fut relevé de ses fonctions, tendant à prouver que le submersible, qui avait eu « la malchance » de percuter le relief, ne respectait pas les consignes de sécurité.

Huit membres d'équipage furent aussi sanctionnés, dont trois officiers mariniers et officiers ; le porte-parole des forces sous-marines précisait en outre que les huit l'avaient été par le Commandant de l'escadrille de sous-marin « pour des actions ayant conduit à l'échouement ! ».

En vérité, le Vice-amiral commandant les forces navales de la Méditerranée écrivit dans un message « non classé » qu'il appréciait la façon dont l'équipage avait su gérer l'accident : « La disponibilité de la propulsion, ainsi que de tous les systèmes électriques et de navigation, démontre la fiabilité de nos équipements et la bonne préparation opérationnelle de nos équipages… ».

Ces mesures intervenaient la même semaine que la cérémonie de remise de récompenses aux membres de l'équipage du Hardfort, « … pour leur conduite lors des opérations de sauvetage ! ».

L'émotion saisit alors la communauté des sous-mariniers estimant que l'équipage du Hardfort prenait toutes les responsabilités sur ses épaules, alors que d'autres échappaient à la critique.

Les forces sous-marines américaines ayant une politique de « gestion de l'espace maritime », le Commandant avait pourtant bien rédigé un plan, indiquant la route prévue et la vitesse dans la zone, afin de s'assurer qu'il ne croiserait pas un autre navire dans les mêmes eaux et en même temps : selon certaines sources de la Navy, rien dans ce plan ne soulevait une quelconque inquiétude…

Au travers d'entretiens avec certains sous-mariniers en activité ou à la retraite, et l'examen de documents internes de l'US Navy, une tout autre version de l'accident commença à transparaître. Et bien évidemment, seul l'équipage tenu au « secret défense » et astreint au devoir de réserve savait pertinemment que la réalité était autre :

Le Hardfort menait une opération à risque : inhabituelle !

C'est ainsi que, passablement « dépités », des sous-mariniers laissèrent filtrer certains détails sur le travail important, mais extrêmement confidentiel, qu'ils avaient été amenés à accomplir durant ces dernières années.

Ils ont commencé par fournir certaines informations concernant les missions d'écoute des câbles sous-marins utilisés par les Soviétiques, notamment durant la période de guerre froide, et des révélations sur l'utilisation de sous-marins pour la mise à l'eau des commandos SEALs.

On y apprend que les SNA[4] accompagnant les porte-avions utilisent des antennes spéciales, dont la conception détaillée n'a jamais été dévoilée, permettant aux sous-marins de collecter l'ensemble du trafic électronique dans les zones que les porte-avions viennent juste de quitter !

---

4. SNA/SSN Sous-marin Nucléaire d'Attaque, en anglais Sub Surface Nuclear powered.

En surveillant de près le trafic électronique local, les spécialistes du renseignement collectent des informations fort utiles, notamment depuis qu'il est devenu très habituel pour certaines nations hostiles, comme la Corée du Nord, la Chine, l'Iran, dont la France, d'éteindre les équipements de radio et les radars quand les forces américaines de porte-avions naviguent à proximité.

Pour contourner cela, le ou les SNAs accompagnant la « task force » s'attardent après le départ des porte-avions, attendant que les « indigènes » réutilisent leurs équipements électroniques. Un SNA étant difficile à détecter, ces pays ne peuvent pas faire grand-chose pour s'y opposer, et en outre ne savent jamais quand un SNA américain se cache au large de leurs côtes, en déployant ses antennes spéciales pour intercepter tout ce qui peut être diffusé sur les ondes.

En conclusion, Paolo se prit à penser que l'ensemble du rapport ne collait pas à la réalité, il s'avérait trop confus pour ne pas dissimuler des événements difficiles à révéler.

Le Commandement de l'US Navy s'employait à vouloir, à tout prix, faire entrer de force une pièce dans le puzzle…

Chapitre Quatre

Amené à voyager et à se déplacer dans des endroits insolites ou mêmes incongrus, notamment à fréquenter les ressortissants étrangers exerçant des activités similaires, Paolo rencontra à Londres Sidney Sireton, ex-inspecteur de police à Scotland Yard[5] détaché dans une discrète officine au service de sa Majesté Britannique et proche du MI6.

Plusieurs années de « collaboration » autour d'affaires franco-britanniques leur permirent de nouer des liens et de se

---

5. Scotland Yard est une organisation de la police d'État britannique, créée à Londres en 1829 par Sir Robert Peel. Initialement établie à « Scotland Yard », derrière Whitehall Place, son domaine d'action s'étendait sur un rayon de dix kilomètres autour de Charing Cross et se composait d'un millier d'officiers de police. Depuis la réorganisation, intervenue en avril 2000, cette police métropolitaine, qui dépend du Ministère de l'Intérieur et contrôle aussi d'autres polices locales (City of London Police, British Transport Police, Royal Parks Constabulary, River Police), réunit 25.500 officiers et 10.000 fonctionnaires civils ; son autorité s'étend sur une superficie d'environ 1.600 km^2 (GreaterLondon) et sur une population de 7,2 millions d'habitants.
Depuis 1967, ses quartiers généraux ont été déménagés à Broadway, sous le nom de « New Scotland Yard », mais on continue à dire le plus souvent : Scotland Yard. Le patron de Scotland Yard est sir Ian Blair.

forger une solide confiance réciproque ; une réelle et profonde amitié faite de sympathie et de respect mutuel s'établit entre ces deux hommes à la grande sagacité.

Ils venaient à peine de se rencontrer à Paris, à l'hôtel Ritz de la place Vendôme, lorsque se produisit un regrettable incident, et l'accident tragique qui s'en suivit, provoquant les disparitions de Lady Di, de Dodi Alfayed et de « Monsieur Paul », responsable de la sécurité de l'hôtel et de bien d'autres activités. Incident dont les répercussions « non négligeables » entraînèrent ultérieurement d'autres disparitions très accidentelles : « à effet retard » !

Dans cette affaire, les malheureux photographes se virent diversement sanctionnés, dont l'un le fut plus sévèrement, touché puisqu'en fin de compte, il y perdit aussi la vie : toujours officiellement « … suicidé de son plein gré » !

Décidément, la princesse Lady Di n'aura vraiment pas eu de chance, et par la suite, l'un de ses photographes attitrés lui non plus, lorsque sa voiture s'enflamma spontanément au beau milieu du Larzac… sur un terrain militaire !

Paris ne saurait être le théâtre, ni de règlements de compte, ni de scènes dignes du Far West. Bien que très déplaisante, cette affaire relativement anecdotique dans sa carrière bien remplie, aurait pu être passée sous silence, si elle ne présentait pas un quelconque lien avec l'Île de Beauté.

Mais voilà, l'heure de son contact avec Sidney s'approchant, Paolo se rhabilla, quitta la plage et prit le chemin de la coquette résidence « Les Nacres » ; les fonds marins de cette côte abondant en grands coquillages triangulaires appelés « nacres » ou « plumes de mer » dont l'intérieur présente une fine pellicule de nacre blanche et irisée. Il faut environ trente ans aux grands spécimens pour atteindre une longueur de cinquante centimètres ; devenus assez rares, ces coquillages bénéficient depuis d'une protection absolue. Il ne lui fallut, à lui, que cinq bonnes minutes pour s'y rendre à pieds et à peine eut-il frappé à la porte, déjà entrebâillée, que Sidney lui répondit de sa voix de stentor, en français mais avec un accent « so British » :

– Entrez cher ami, je vous attendais tout en dégustant un pur malt écossais : twenty years old !

– Bonsoir Sidney, heureux de vous revoir !

– Débarrassez-vous de vos affaires, et venez vous asseoir dans ce confortable fauteuil club !

Tout juste assis, Sidney lui tendit un grand verre au trois-quarts plein de son fameux breuvage…

Derrière la baie vitrée, le soleil déclinait et le massif de l'Ospédale, haute région boisée qui domine l'arrière pays, se détachait somptueusement sur fond de ciel flamboyant bleu et ocre. Plus au nord, on distinguait les majestueuses aiguilles de Bavella, dites « cornes d'Asinao ».

Ni Paolo, ni Sidney, ne se lasseraient jamais de ce décor grandiose offert par la nature ; comme le dit si bien Nicolas Hulot : « L'émerveillement est le premier pas vers le respect ! ».

La magic du spectacle et la saveur du whisky les plongèrent dans une profonde méditation : cet état proche de l'extase partagée, dans lequel le silence s'établit naturellement de lui-même. Comble de plaisir et de raffinement, bien que ne fumant pratiquement jamais, Sidney se leva pour lui rapporter des « Players », cigarettes qu'ils grillèrent chacun avec une lenteur calculée.

À la nuit tombante, Sidney leur ayant préparé un frugal repas, ils passèrent à table, heureux et détendus : de temps en temps un peu de bien-être authentique ne peut pas faire que du mal ! Le futur étant incertain, les meilleurs moments de l'existence ne sont-ils pas ceux du présent, comme l'affirmait la publicité : « Aujourd'hui, c'est le premier jour du reste de votre vie ! » ?

Progressivement avec l'âge, la notion du temps qui passe leur était à tous les deux devenue totalement étrangère, pour laisser place à celle « du temps qui reste », et qui lui n'est pas illimité…

– Sidney, je pense qu'il est temps que nous abordions ce pourquoi nous sommes ici.

– Yes, of course ! enchaîna Sidney en prenant la parole :

Les plongeurs corses ont une longue tradition de pêche au corail, dès le XVe siècle, ils avaient obtenu plusieurs concessions de cueillette, en particulier en Algérie, sur la « côte du corail » ; la saison de pêche de cet animal des profondeurs, qui dure de mai à octobre, est dorénavant très réglementée le long du littoral où le nombre de pêcheurs y est limité, cinq à Bonifacio[6].

---

6. Principale base de pêche française, son corail « sang de bœuf » est l'un des plus beaux. Sa densité et sa couleur exceptionnelle résultent de l'intensité des courants marins auxquels il est exposé ; les bouches de Bonifacio sont justement fréquentées par des courants violents. Véritable or rouge des profondeurs, l'essentiel de sa production se négocie à Torre del Greco, capitale mondiale du corail rouge située près de Naples : les plus belles pièces peuvent atteindre de 5 à 600 euros le kilo. Il existe cependant peu de contrevenants professionnels.

Toutefois la plongée peut se faire à plus de 100 mètres, à raison de 180 plongées par saison.

– C'est exact ! rétorqua Paolo avec un sourire entendu :

Un plongeur amateur bien formé peut descendre à l'air comprimé jusqu'à environ 80 mètres, et nos corailleurs corses descendent, eux, régulièrement au-delà de 100 mètres, certes au risque de développer à terme des pathologies, il s'agit en effet d'une activité artisanale singulièrement rude.

– Well, listen to me !

Or dans les Bouches de Bonifacio, entre la Corse et la Sardaigne, l'îlot de Santo Stefano situé dans l'archipel de La Maddalena en territoire italien, abrite depuis 1972 une base américaine de sous-marins, le « Squadron Submarine 22 », unité discrète de l'US Navy qui se compose du navire d'appui logistique USS « Emory Land » et des sous-marins déployés en Méditerranée.

– Combien sont-ils exactement, autant que les pêcheurs de corail ? lui demanda ingénument l'inspecteur Ottari :

– Tout le monde le sait Paolo,… un certain nombre.

– Hum ! C'est comme le refroidissement du fût du canon.

– It's a joke I suppose, but listen to me !

Un très sérieux accident s'est produit le 25 octobre 2003.

Le sous marin d'attaque Hardfort, appartenant à la 6e flotte a été endommagé. Il s'agit d'un sous-marin à propulsion nucléaire, de la classe Los Angeles[7] capable de lancer des

---

7. La classe des sous-marins nucléaires d'attaque « Los Angeles », lancée entre 1976 et 1995 par les USA, regroupe 62 bâtiments, allant du SSN 688 Los Angeles au SNN 773 Cheyenne, de types : S.N.A. (sous-marin

missiles de croisière, Cruise ou Tomahawk, conventionnels ou atomiques. Selon l'état-major, en quittant la base secrète de Santo Stefano, à 6 milles de la Maddalena et à 3 milles de Caprera, à seulement quelques encablures des côtes corses, le Hardfort a soudain heurté les rochers de la barrière de granite des Monaci.

À la suite de l'accident du 25 octobre, le commandant de la base et une partie de l'équipage ont été relevés de leurs fonctions. Néanmoins les autorités italiennes n'ont ensuite pas jugé utile d'informer leurs homologues français de la nécessité d'investigations complémentaires !

– OK Sidney ! Vous admettrez donc ceci :

Si la marine américaine jugea bon de démettre de ses fonctions le commandant de la base et huit membres de l'équipage du sous-marin, dont deux officiers, cela signifie qu'on a frôlé une catastrophe aux conséquences assez peu imaginables. En outre, après avoir subi les premières réparations sur place, le Hardfort a dû ensuite appareiller de La Maddalena pour se rendre aux États-Unis.

– Yes, that's true !

---

nucléaire d'attaque, en anglais SSN). Depuis 1984, ils sont munis de 12 tubes verticaux (V.L.S. Vertical Launch System) pour le lancement de missiles Tomahawk. La classe comporte trois générations de submersibles : La première possède les caractéristiques de base. La seconde est munie des 12 tubes verticaux de lancement de missile Tomahawk. Le réacteur nucléaire amélioré S6G ne nécessite plus d'être réapprovisionné en combustible. La dernière génération désignée sous le nom de code 688-I avec un I pour « Improved » est plus silencieuse et dispose du sonar BSY-1 et de sa suite de combat.

En effet, les dommages avaient nécessité des réparations beaucoup plus lourdes en cale sèche.

– Bref Sidney ! vous corroborez donc l'analyse suivante :

Ces données contredisent totalement la version officielle fournie par les autorités américaines et italiennes, lesquels qualifiaient de « très légers » les dégâts occasionnés sur le sous-marin : « une simple égratignure et un problème de gouvernail ! ». En résumé, rien de bien alarmant !

– I agree, Paolo ! However :

Elles contredisent aussi votre propre Direction Régionale des Affaires Maritimes, affirmant qu'après les réparations, le sous-marin avait repris son programme de navigation !

– Non seulement Sidney, mais les langues commençant peu à peu à se délier de l'autre côté de l'Atlantique, selon une source « anonyme » appartenant à l'US Navy, le sous-marin Hardfort aurait subi des dégâts bien plus importants que ceux initialement déclarés par les autorités américaines et italiennes.

– That's certainly true !

Paolo ! Nous ne devons surtout pas perdre de vue les faits qui précédèrent les incidents qui nous préoccupent :

Le 17 mars 2003, sur l'île Santo Stefano de La Maddalena, le Squadron Submarine 22 était en totale effervescence. Quelques jours plus tard, tandis que l'« Emory Land » attendait patiemment dans la base américaine de l'île de Crète, les sous-marins d'attaque de classe Los Angeles, en provenance de Santo Stefano, déversaient leurs missiles Tomahawk et Cruise… sur l'Irak !

– Certes, Sidney !

Malheureusement, tout ceci en violation complète de toute délibération du parlement italien !

– En résumé Paolo, sommes-nous en mesure de répondre à la question suivante ?

Que s'est-il exactement produit le soir du 19 novembre 2003 ? Il était environ 20 h 15, quand les habitants de La Maddalena ont soudainement entendu deux fortes déflagrations. Ensuite, ils ont vu s'éteindre toutes les lumières de l'îlot de Santo Stefano, là où est située la base. Puis ils ont perçu les bruits de moteur de vedettes rapides et vu des lumières de projecteurs s'agiter tout autour de la petite île, qui était restée plongée dans l'obscurité totale !

– Hum, Sidney ! comme l'expliquèrent alors les militaires américains : « Rien d'alarmant,... une simple panne ! ».

– I don't believe it !

« Je ne peux pas croire un seul instant à la version qui nous a été fournie » rétorqua cependant Ettore Sanana, ce haut fonctionnaire du ministère de la Justice italien qui pendant près de vingt ans siégea comme expert à la Commission paritaire des sites militaires de la Sardaigne.

– Continuez Sidney !

– So, listen to me !

En fonction des informations que j'ai pu recueillir et selon mon expérience dans ce domaine, je puis affirmer qu'au soir du 19 novembre 2003, il y a bien eu une tentative d'infiltration dans le périmètre marin de la base américaine. D'où l'alarme qui a été immédiatement déclenchée.

– Une tentative d'infiltration, mais par qui Sidney ?

Sidney lui répondit sur un ton dénué de toute conviction :

– On parle beaucoup d'hommes-grenouilles des services secrets français... Un ange noir passa !

Après le mystérieux accident du sous-marin Hardfort, ça ne serait d'ailleurs pas surprenant si la France essayait d'aller voir de plus près ce qui se passe à quelques encablures de ses côtes.

– Je vous l'accorde certes volontiers Sidney !

Je dois admettre que la cueillette du corail dans les bouches de Bonifacio présente quelques avantages en la matière pour nos services spécialisés dans la pêche « aux renseignements »...

Malgré cela, à quoi sert ce gigantesque dépôt, creusé sous la roche dans un dédale de tunnels ? Il mesure huit kilomètres de long et, situé dans l'espace militaire italien, ne fait théoriquement pas partie de la base de l'US Navy ; mais il a pourtant été construit avec les fonds de l'OTAN !

– Vous le savez autant que moi, Paolo, il s'agit d'un vaste dépôt d'armes conventionnelles.

– Et peut-être bien aussi... un peu atomiques ! Allons... enfin Sidney !

La Sardaigne a été littéralement colonisée au cours de la guerre froide par les USA qui y ont établi des bases et entreposé des armements en tout genre pour « faire front stratégiquement » à la menace soviétique. Ainsi, grâce à des pactes secrets, dont le Parlement italien lui-même n'a jamais été tenu informé, son territoire est devenu un gigantesque avant-poste militaire. Pour la construction de ces bases, d'énormes sommes d'argent ont été investies par les USA, mais aussi par les grandes entreprises d'armement – Alenia, Fiat, Aérospatiale, Thomson,...

La fonction initiale de la base militaire de La Maddalena consistait à intercepter des sous-marins soviétiques. Nous étions alors dans un autre siècle. L'État italien considérait qu'accorder aux Américains un droit de mouillage était justifié par la présence d'un adversaire commun. Aujourd'hui que l'URSS n'existe plus, pourquoi renforcer leur présence à La Maddalena ? Pourquoi veulent-ils envoyer plus de 3 500 militaires supplémentaires, alors qu'ils disposent déjà de 2 500 hommes sur place ? Pourquoi veulent-ils édifier une nouvelle base au sol ?

– Yes, ok Paolo !

Le point de vue de l'US Navy est très clair ; elle a toujours considéré la Méditerranée comme une clef stratégique pour l'Europe, le Nord de l'Afrique et la partie Est de l'Europe Centrale…

L'expert au Comité des sites militaires, Ettore Sanana, avance lui-même l'hypothèse que, l'agrandissement de la base de La Maddalena, est une réponse directe aux ambitions de créer une défense européenne autonome : ambitions qui sont incarnées… par la France elle-même !

– Peut-être bien Sidney ! cependant :

L'Italie est liée à Washington par des accords secrets datant de la guerre froide et s'apprête à offrir 19 hectares de son territoire national[8] à l'US Navy.

---

8. Début septembre 2004, une activité insolite animait le petit îlot de Santo Stefano où un ponton de 12.000 tonnes venait d'être édifié. Il possède une capacité de 600 lits permettant de loger les troupes supplémentaires que les USA s'apprêtent à envoyer pour renforcer sa position

À 10 kilomètres des côtes corses, les Américains vont édifier un « Guantanamo » atomique en plein cœur de la Méditerranée. La Maddalena est une base américaine sur le territoire italien qui, selon les plans de la marine militaire US que nous nous sommes procurés, pourrait jouir d'un statut d'extraterritorialité...

– Paolo !

La nouvelle base de La Maddalena se devait d'être multifonctionnelle : D'un côté, grâce à son quai de 180 mètres de long, elle devenait une base d'assistance technique, non seulement pour les sous-marins, mais aussi pour des navires de guerre d'une certaine taille, de type destroyer.

Et d'un autre côté, elle offrait un centre d'entraînement important pour les « Navy Seals »[9].

– Oui Sidney !

Le risque étant qu'à force de trop en vouloir, on perd tout ! L'ange noir retraversa la pièce !

– Perhaps...

– Ok ! Expliquez-moi où voulez-vous en venir Sidney ?

– J'y arrive, Paolo, j'y arrive !

Fin novembre 2003, afin de « faire le point » nous avions dépêché sur les lieux un de nos agents avec pour mission, entre autres, de prendre quelques contacts locaux sur l'île

---

stratégique en cette région du monde, ce dans l'attente de l'agrandissement de la base. 200.000 mètres cubes de bâtiments sont désormais nécessaires afin que le Pentagone puisse consolider cette position, qui n'est pas immédiatement intégrée au système de l'OTAN.

9. (SEAL : Sea, Air, Land), les commandos d'élite de la Navy.

Cavallo, située au nord de l'archipel des Lavezzi, et de loger certaines « anciennes » connaissances. Celui-ci disposait, entre autre, d'un transpondeur apte à le localiser géographiquement à tout instant. Le problème survint quelques jours après son arrivée, toute trace de notre agent disparaissait de notre récepteur ; le dernier relevé indiquant qu'il se déplaçait vers la Punta San Ciprianu, probablement, en marchant entre la plage de Saint Cyprien et les marais attenants, cependant le niveau de précision de nos relevés s'avérait insuffisant pour pouvoir l'affirmer…

Nous pensions tous, au départ, qu'il avait peut-être volontairement arrêté son transpondeur afin d'éviter de se faire repérer ou bien encore que celui-ci avait brusquement pu tomber en panne. Néanmoins, sa perte pure et simple était improbable, car celui-ci aurait continué à émettre un certain temps. Ne recevant plus de nouvelles, l'inquiétude s'accrut au fil des heures, quelque chose se tramait !

– Permettez-moi de vous interrompre, Sidney :

L'insularité et les dimensions relativement réduites de la Corse pourraient laisser à penser qu'il est plutôt difficile d'y disparaître ; mais ce serait ne pas tenir compte de deux autres facteurs : la montagne et un couvert végétal extrêmement dense. Les randonneurs qui se perdent sont légions tout au long de l'année et les accidents ne pardonnent guère dans les secteurs déserts.

– Certes Paolo… mais ce n'est pas fini !

Comme dans la plupart des affaires, en cas de disparition les enquêteurs jouent contre la montre : plus les recherches sont rapidement entreprises, plus les chances d'aboutir seront sérieuses, les heures que l'on perd à s'interroger sur le bien-fondé d'une recherche ne se rattrapent pas !

Je me rendis donc immédiatement moi-même sur les lieux ; pour donner le change, en touriste et accompagné de mon jeune fils Peter qui avait, lui, véritablement besoin d'un peu de repos. Bien sûr, nos fréquentes promenades de reconnaissance nous menèrent régulièrement dans la zone de traitement suspectée, située au pied de la tour génoise et dans une petite anse abritée, là où notre agent s'était probablement laissé surprendre, assurément pas par la mer, ni la vase !

– Je continue donc :

Alors que nous nous apprêtions à rentrer, mon fils Peter me fit remarquer qu'en contrebas, un solide manche en bois dépassait au fond d'un vaste roncier impraticable, en forme de cuvette. Tout d'abord indifférent, intrigué quand même, je décidai par jeu et pour satisfaire mon fils de tenter sa récupération ; opération rendue quasi impossible en raison de son inaccessibilité ! Je ne prendrais pas la peine de vous expliquer la manière dont nous y sommes parvenus avec un stratagème digne de Mac Gyver ; on ne nous croirait pas, mais la réalité dépasse la fiction !

Ce sauvetage comique tourna vite au pathétique lorsque nous découvrîmes qu'il s'agissait d'une solide pelle de chantier absolument neuve et qui avait donc été volontairement projetée à environ quinze mètres de là, avec toute la vigueur requise pour atteindre le fond du roncier. J'aurais sans doute vite abandonné la résolution de ce qui constituait déjà en soi une énigme, si elle n'était pas susceptible de concerner très directement notre affaire compte tenu du lieu. À vrai dire, la désagréable sensation d'un mauvais présage se développa en moi sur-le-champ, ayant déjà récupéré une bonne pelle, je n'avais pas en plus l'intention de me prendre un râteau !

– Je ne vous savais pas à ce point féru d'un humour aussi… argotique ! intervint Paolo hilare…

– Vous me sous-estimez vraiment Paolo, et cela m'attriste.

Heureusement désertée à cette époque, je fis procéder à une fouille systématique de la zone, dont le résultat ne se fit pas attendre : ses vêtements et son transpondeur, arrêté mais intact, furent retrouvés non loin de là dans un sac en plastique profondément enfouis sous le sable ; mais de lui aucune trace ! Néanmoins je ne perds pas tout espoir de le retrouver vivant, en particulier à cause de ses vêtements soigneusement pliés et protégés au fond de ce sac !

– Sidney, permettez-moi de vous apporter cette précision :

La France n'a rien à voir avec tout cela, pas plus qu'avec l'infiltration destinée à subtiliser du matériel militaire de la base américaine de Santo Stefano, ce n'est guère dans nos méthodes, et je ferai tout ce qui est en mon pouvoir pour vous aider à dénouer cette affaire rapidement.

– Thank you… I believe you !

Nous savons de source sûre que les pays européens du pourtour méditerranéen, dont la France, ne sont pas impliqués dans cette disparition, mais cela ne nous rassure guère d'imaginer qu'il peut s'agir d'actes purement mafieux au service du plus offrant ou encore terroristes ! L'éventail suspecté est large : Al-Qaïda, le Hamas, l'Iran, la mafia russe ou tchétchène, et même certains commandos du sud-est asiatique entraînés par Khalid Sheikh Mohammed. Arrêté en mars 2003 au Pakistan, ce triste sire est considéré comme le cerveau des attentats du 11 septembre 2001. Au début de l'année 2002, l'un de ses projets d'attentats visait le plus haut édifice de la ville de Los Angeles : la « Library Tower ». Son complot diabolique fut mis en échec lorsqu'une nation du sud-est asiatique arrêta un élément clé du mouvement Al-Qaïda.

– A-t-on retrouvé quelque chose dans les vêtements de Jack ?

– Oui, ses papiers et quelques photos de bord de mer sans grand intérêt.

– Puis-je les consulter, si vous le permettez, bien entendu ?

– Évidemment Paolo, les voici, vous pourrez les examiner.

– Que comptez-vous donc faire Sidney ?

– Je suggère ceci, Paolo :

Selon les coordonnées géographiques enregistrées par notre récepteur, je suppose que Jack D. a dû rencontrer certains de nos contacts sur l'île Cavallo.

– Bien !

– Je vous propose donc de nous y rendre dès demain matin, à l'aube, afin de tenter de reconstituer au mieux son emploi du temps.

– Comment ?

– Je dispose d'un gros zodiac à cabine, propulsé par deux puissants turbos moteurs de 350 CV, amarré au ponton du « Géant Hôtel » à Cala Rossa, 3/4 d'heure suffiront pour rejoindre Cavallo !

– Nous agirons comme vous l'entendez. Ok, mon cher !

– Tomorrow will be another day. Go to bed, Paolo !

– Je crois que je vais apprécier mon lit.

– So, have a good night, Paolo !

– God bless you, Sidney !

Avant de se coucher, Paolo procéda à un examen attentif des quelques photos retrouvées dans les affaires de Jack ; elles n'évoquaient effectivement rien qui lui permette d'en tirer la moindre information utile, si ce n'est quand même, la présence d'un même petit voilier rouge et gris au mouillage dans différents abris.

Étendu sur son lit dans l'obscurité la plus totale, Paolo méditait sur cette étrange disparition :

– Soit Jack avait bien été enlevé et ses kidnappeurs ont fait en sorte de ne laisser aucune trace derrière eux, mais alors pourquoi avoir rangé avec soin ses affaires dans ce sac en plastique ? Par crainte que des recherches soient entreprises à l'aide de chiens ; hypothèse peu probable !

– Soit il avait eu besoin d'abandonner tous ses vêtements, puis de les dissimuler dans un sac, avec l'intention de venir les récupérer ultérieurement ; mais pour quelle raison exactement ?

Intuitivement Paolo privilégiait la seconde hypothèse, mais une troisième piste était possible :

– Il ne se serait peut-être lui-même jamais rendu à cet endroit, dans ce cas l'affaire se corsait !

...

La nuit porte conseil !

Chapitre Cinq

À cinq heures et demie du matin, Sidney vint réveiller son ami : Wake up Dear Paolo ! Tea or coffee ? Encore ensommeillés, ils prirent quand même le temps d'avaler un pantagruélique breakfast ; la journée qui s'annonçait risquait d'être plutôt longue. Sur le pied de guerre dès six heures, ils ne mirent que quelques minutes seulement pour se rendre en voiture de Saint Cyprien au domaine de Cala Rossa éloigné d'environ trois kilomètres.

L'été, la plage de Cala Rossa, nichée entre la Punta di Benedettu et la Punta San Ciprianu, bande de sable intime, s'abandonne aux vagues les plus huppées du Golfe de Porto-Vecchio.

En l'absence de toute ride, la mer ressemblait à un lac encadré de rochers de porphyre rouge. Amarré au ponton, un énorme Zodiac à coque rigide les attendait…

Sidney mit en route les moteurs qui n'émirent qu'un faible gargouillement provoqué par le rejet de l'eau et des gaz. Une impression de puissance contenue phénoménale émanait des deux engins mécaniques. Le bateau semi-rigide s'éloigna rapidement dans un silence surréaliste, quasi-religieux. Parvenu à la hauteur de la pointe de la Chiappa, Sidney enfonça posément la manette des gaz ; l'embarcation s'arrachant de l'eau fit un bond prodigieux en avant qui plaqua Paolo sur son siège de copilote. Dès cet instant, elle parut accélérer sans fin, survolant littéralement la mer en laissant derrière elle un long sillage ; Sidney lui fit alors décrire un large virage vers le sud.

– Paolo, il faut que je passe un appel au radiotéléphone. Pouvez-vous prendre les commandes ?

Sidney lui enseigna le maniement du monstre, qui se pilotait avec une facilité déconcertante ! Son confort étonna Paolo ; seuls le ronflement des échappements et le sifflement des turbines venaient rompre le silence, l'insonorisation permettait même de tenir une conversation.

Le soleil se levait, la brume qui flottait à la surface de la mer ajoutant à la magie du spectacle. La côte Est défilait à une vitesse surprenante : la punta Cerbicale et l'archipel du même nom, réserve naturelle composée de cinq îlots rocheux, faisant face à l'idyllique plage de Palombaggia !

Capo d'Asciaio, le Golfe de Santa Guilia avec sa magnifique plage de sable blanc aux eaux cristallines, Porto Novo, la punta di Sponsaglia, la sublime Baie de Rondinara, le Golfe de Santa Manza, la punta di Capicciola, les îles Gavetti et Poraggia et droit devant, l'île Cavallo, au nord de l'archipel des Lavezzi, l'extrémité la plus méridionale de la France métropolitaine.

À l'exception de l'île Cavallo, l'archipel des Lavezzi fut rétrocédé à la commune de Bonifacio en 1982, puis classé 'réserve naturelle' par le Parc Naturel Régional de Corse.

La réserve des Lavezzi possède une flore très riche mêlant toutes les espèces de la montagne et du littoral méditerranéen, une faune variée d'oiseaux de mer et un milieu marin prolifique. Le courant des bouches de Bonifacio, la nature des fonds, le savoir-faire des pêcheurs et l'absence de pollution ont été d'excellents facteurs de préservation de cette diversité naturelle. Véritables arbres de vie, les herbiers de posidonies abritent une multitude d'organismes marins dont se nourrissent la plupart des poissons, les oursins, les violets et les étoiles de mer.

Îlot d'une centaine d'habitants, autrefois un lieu désertique où les bergers transportaient leurs troupeaux, Cavallo vit pousser à partir de 1970 de nombreuses propriétés luxueuses, un petit aérodrome et plusieurs ports privatifs !

Aujourd'hui intégralement occupée par des résidences privées de milliardaires, mais aussi par celles de mafieux, l'île possède une réputation pour le moins mitigée et ses ressortissants ne sont donc pas toujours très appréciés...

Sidney réduisit les gaz et contourna l'île afin de l'aborder plus discrètement par le sud-est ; l'embarcation glissait silencieusement vers une petite crique, encore déserte à cette heure, qui disposait d'un frêle ponton bien venu en la circonstance, quoique passablement délabré ! Compte tenu de la situation peu propice à un bain forcé, Paolo redoubla d'attention en débarquant sur les planches vermoulues, puis amarra solidement le zodiac aux pilotis de bois.

– Sans indiscrétion Sidney, vous ne m'avez toujours pas expliqué qui nous allons rencontrer ici ?

– S'il est un homme n'ignorant rien des faits et gestes de l'île, c'est bien Pedro Samovar : un Sud-Américain qui commandait les brigades d'interventions vénézuéliennes et dont la sympathique personnalité demeure légendaire...

Depuis toujours, ce général en retraite, active et entretient un vaste réseau relationnel international de renseignement. Ne pouvant se compromettre avec ses multiples relations, cet homme d'honneur, peu enclin aux bavardages inutiles, sait donc parfaitement tenir sa langue !

Se rendre à sa villa nécessite environ dix à quinze minutes de marche sur un chemin défoncé, mais qui présente l'avantage de n'être jamais fréquenté et dans le cas contraire de voir venir.

J'ai prévenu l'ami Pedro de notre arrivée matinale, consécutive au caractère urgent de notre démarche et à un emploi du temps chargé ; mais celui-ci se levant chaque jour vers six heures, m'a assuré que bien au contraire, notre visite surprise ne lui posait aucun problème particulier.

*

* *

Le chemin impraticable, totalement raviné par la pluie, imposait à Paolo et Sidney d'adopter une démarche chaotique, assez pénible de jour, mais qui risquait de s'avérer mortelle la nuit ! Il fallait assurément faire vite, chaque entretien devait être bref, c'est-à-dire rapide et efficace ; Paolo proposa donc à Sidney de se répartir les tâches à l'issue du premier contact avec Pedro, celui-ci acquiesça ; ils se retrouveraient donc tous deux au ponton à 19 heures 30 au plus tard.

Arrivés à sept heures et demie pile, face à la grille en fer forgé interdisant l'entrée de la villa, Sidney tira la chaîne actionnant un improbable carillon, pour le moins discret ! Bien que visible depuis l'imposante grille à claire-voie permettant avant tout de voir venir les éventuels visiteurs, la propriété avec ses solides murs d'enceinte, paraissait peu aisément accessible de l'extérieur.

Le domaine comportait un vaste parc clos autour d'une villa de style 1913, dont l'architecture anachronique dénotait totalement avec l'habitat plus récent et de conception moderne de l'île.

Après quelques minutes d'attente, le majordome du Général vint leur ouvrir, les priant de bien vouloir se donner la peine d'entrer sans leur poser la moindre question, ni sur leur identité, ni sur la nature de leur visite ; à l'évidence dans la confidence. Ils étaient donc bien attendus…

Majordome au service du Général depuis plus d'une trentaine d'années, Kevin Layamon savait ce qu'il avait à faire, n'ignorant presque rien des activités « complexes » de son patron, ce d'autant moins qu'il était fréquemment amené à lui servir d'intermédiaire en son absence, en particulier lorsque le Général ne pouvait assurer lui-même un rendez-vous indispensable. En outre, le Général et lui se rendaient assez régulièrement au Golf de Sperone, d'une part afin d'y pratiquer leur sport préféré, et d'autre part pour y rencontrer certaines personnalités étrangères. On venait en effet de très loin pour fouler le superbe green à la renommée internationale, dans un décor paradisiaque, et fréquenter la terrasse panoramique du Club surplombant le parcours, les criques d'eau turquoise, l'archipel des Lavezzi,… avec la Sardaigne comme point de mire.

Introduits sans plus attendre dans le salon, Pedro Samovar ne tarda pas à les accueillir le plus chaleureusement du monde en leur proposant un café, ce qu'ils acceptèrent avec empressement.

Après quelques échanges de présentation des plus courtois avec son ami le Général Samovar, Sidney lui exposa succinctement la problématique d'une situation pour le moins inquiétante, mais qui ne lui semblait visiblement pas inconnue, Pedro approuvant chaque propos de la tête :

– En effet Sidney, ce lundi 24 novembre 2003, j'ai bien reçu la visite de Jack, venu m'exposer ses préoccupations ; en particulier celles concernant la tentative d'infiltration du 19 novembre 2003, mais aussi celles relatives à l'accident présumé du sous-marin d'attaque Hardfort, le 25 octobre.

Je lui fis part de la présence inopportune en Sardaigne, dès le mois de septembre, d'éléments plus qu'indésirables et manifestement « incontrôlables », puis à plusieurs reprises le mis en garde avec insistance sur les dangers encourus.

Bien qu'il exprimât alors le souhait de me contacter à nouveau après quelques vérifications, je ne le revis cependant jamais ; la réception de votre e-mail PGP[10] du 28 ne fit que confirmer le bien fondé de mes inquiétudes ! Mais sans vouloir écarter l'hypothèse de son éventuelle liquidation pure et simple, je crois plus volontiers que s'il ne se manifeste plus depuis lors, c'est tout simplement qu'il ne se trouve pas en

---

10. PGP est un système de cryptographie hybride combinant les meilleures fonctionnalités de la cryptographie de clé publique et de la cryptographie conventionnelle.

position de pouvoir le faire parce qu'on le considère comme un otage monnayable.

En sa qualité d'ex-plongeur de combat, Jack D. aurait très bien pu camoufler ses vêtements sur la plage de Saint Cyprien afin d'enfiler une combinaison de plongée. Mais enfin, pour quelle mission pouvait-il raisonnablement opérer seul depuis cet emplacement ?

Un long entretien prolongea l'intervention du Général, mais malgré l'intérêt certain de leur conversation, Paolo, ne pouvant s'éterniser plus longtemps, prit congé :

– Mon Général, je vous remercie pour l'importance des renseignements que vous venez de nous communiquer ; cependant compte tenu de l'heure, je vais dès à présent devoir vous quitter ! Sidney et moi avions en effet prévu de nous retrouver en fin de journée, encore merci de votre accueil et à bientôt !

– Au revoir inspecteur, surtout n'hésitez pas un seul instant à me joindre en cas de problème !

– Je vous prie de patienter quelques instants cher Sidney, le temps de raccompagner votre ami, de prévenir Kevin que j'ai l'intention de vous retenir pour le déjeuner, et je suis tout à vous.

Le Général disparut sans que Sidney ait eu le temps de décliner courtoisement son invitation, mais bon, puisque le hasard en avait décidé ainsi, il resterait plus longtemps en sa compagnie. Après quelques minutes d'attente, Pedro Samovar réapparut ; visiblement de bonne humeur :

– Si cela ne vous fait rien, Sidney, nous déjeunerons plus tôt que prévu ; je viens à l'instant d'accepter pour cet après-midi une invitation pressante et pour le moins inattendue à Sperone : le Saoudien Karim organise une petite réception et tient absolument à ce que je sois des leurs !

– Eh bien mon Général, comme cela m'arrange aussi, tout est pour le mieux !

– Dans ce cas, si vous le voulez bien Sidney, nous passerons directement à table !

En majordome stylé, Kevin s'occupa du service : sans plus prêter attention à leur discussion !

– Afin de vous permettre d'apprécier l'opportunité de vous communiquer des informations purement confidentielles, je n'ai pas voulu les aborder d'emblée en présence de Paolo Ottari ; elles concernent la présence sur l'île d'un agent américain des services de renseignement du NSA, chargé d'assister le travail des sous-mariniers en collectant diverses informations « in situ » !

– Je vous suis gré de votre prudence, Général ; mais en l'occurrence cela ne pose aucun problème !

– Bien ! Cet agent du NSA, qui se nomme Bart Eagle, a rencontré Jack D. à plusieurs reprises, notamment peu de temps avant sa disparition, cela dans le plus grand secret, vous l'imaginez ; j'ai été le seul à être informé de leurs rencontres, même Kevin n'a jamais été tenu au courant ! Je crois pouvoir affirmer qu'ils cherchèrent à collaborer ensemble en montant des opérations de renseignements, probablement à risques ; néanmoins, je n'en connais pas la teneur exacte !

Bart Eagle étant certainement l'homme qui en sait le plus sur toutes ces affaires américaines, je vous conseille donc de le rencontrer sans perdre de temps, et dans la plus stricte discrétion !

– Certes, mon Général, mais je n'ai pas le contact !

– Si vous le souhaitez et le permettez, je me propose de vous arranger cela immédiatement ; qu'en pensez-vous ? Prenez votre temps, je vous laisse y réfléchir pendant quelques instants…

– Ce n'est nullement nécessaire, faites mon Général !

Comme chaque semaine, dès le départ du Général, Kevin referma soigneusement les fenêtres et les volets de la villa avant de se rendre au cercle privé de poker, un coûteux divertissement pour lequel, au fil des parties, il subissait l'emprise de cette passion de plus en plus dévorante !

Cartes en main, il éprouvait après chaque tirage et chaque annonce, un frisson quasi suicidaire qui lui procurait une décharge d'adrénaline, comme s'il jouait sa propre existence sur le tapis !

Les rencontres se tenaient habituellement à Sperone ou parfois, comme aujourd'hui, à Cavallo. Chemin faisant, il éprouva à nouveau une sourde inquiétude, cela lui arrivait assez fréquemment depuis quelque temps ; à vrai dire tout avait commencé avec l'arrivée de Aziz Ben'Kassine, un nouveau joueur d'allure plutôt sympathique à son goût, avec lequel il noua vite une relation amicale !

Jusqu'alors, la chance et peut-être aussi ses talents de joueur lui souriaient raisonnablement, en particulier, lorsqu'il s'agissait d'affronter honorablement son plus redoutable adversaire : le Baron Heinrich Von Kartoffel, un homme solitaire et inquiétant, au passé douteux !

Il y a de cela cinq semaines, alors que la distribution des cartes ne lui était guère favorable, Kevin s'était laissé embarquer dans des surenchères aventureuses compte tenu de ses moyens ; affolé par les conséquences de son erreur, il persista stupidement dans sa stratégie de bluff, sans toutefois parvenir à persuader le Baron Heinrich qui, impitoyablement, le laissa poursuivre sa folle escalade !

Il se rappellerait toujours cet instant où arriva ce qu'il redoutait depuis le début de la partie :

– Cent dollars, pour voir ! Annonça le baron avec le sourire du chat prêt à dévorer la souris.

– Une paire de valets… bredouilla-t-il honteux !

– Carré d'as ! Vous me devez plus de quinze mille dollars, mon cher ami !

Face à ce violent retour à la réalité, il perdit alors pieds ! L'air se mit soudain à lui manquer, ce fut comme dans un cauchemar, sauf qu'il ne rêvait pas, la terre venait de s'ouvrir en deux, plus rien ne le retenait et le sol se dérobait sous lui, l'entraînant dans un gouffre terrifiant…

– Acceptez-vous comme premier acompte un chèque de mille cinq cents dollars !

– Je n'accepte que l'argent liquide ! Vous avez huit jours pour me régler, et ne l'oubliez pas ! Apprenez que l'on ne piège pas impunément le Baron ! Répliqua-t-il avec un mauvais rictus !

– Euh… Bien… bafouilla-t-il profondément humilié devant tout le monde !

– En attendant Kevin, signez-moi dès maintenant votre reconnaissance de dette !

Il s'exécuta tremblant, au bord de l'évanouissement, puis le visage décomposé, quitta la table, accompagné de son nouvel ami Aziz ; il s'en souvenait comme si tout cela venait de se produire…

Il serait congédié par son patron ! Bien qu'il n'ignorait pas son inclination pour le poker, jamais le Général Pedro Samovar, compte tenu de la nature de ses activités et de sa position, ne pourrait consentir à ce que son majordome ait contracté une dette de jeu aussi importante !

Pour la première fois, une question s'imposa à son esprit : le Baron Heinrich et le Général Samovar qui ne se fréquentaient jamais ne se connaissaient-ils pas en réalité ? Quel motif pouvait bien pousser ce terrifiant individu à se montrer aussi intraitable ; avait-il de bonnes raisons d'en vouloir au Général ? Et si oui, à quand cela remontait-il ?

Compte tenu de son lourd passé, et en particulier de son activité répressive au sein de la police militaire « nazi »[11], le Baron Heinrich ne se serait-il pas réfugié après guerre en Amérique du Sud ; et plus exactement au Venezuela ?

Aziz Ben'Kassine le rejoignit, puis avec compassion lui passa un bras autour de ses épaules :

– Je déteste ce type, il se comporte d'une manière infecte, et se montre odieux avec vous, mais ne vous inquiétez pas, je vais vite arranger cela en réglant la dette à votre place !

11. De l'allemand National Sozialist : « Socialiste National ».

– Je vous remercie, Aziz ! Mais bien que charitable, je ne puis pas accepter votre proposition !

– Quinze mille cinq cents dollars ne sont rien pour moi, vous les rembourserez à votre rythme, petit à petit ! Ne vous faites plus de souci, de toute façon, je le plomberai !

– Merci de votre générosité Aziz, vous me sauvez la vie ! Comment puis-je vous remercier ?

– Ne me remerciez pas Kevin, croyez-moi, le moment viendra en son temps ! lui répondit-t-il.

– Tout ce que vous voudrez, Aziz, tout ce que vous voudrez !

– Parlez-moi plutôt de ce que raconte actuellement votre patron, le Général Pedro Samovar…

À la sortie du cercle, toujours accompagné d'Aziz, le bras familièrement passé sur son épaule, il croisa dans la rue la belle Francine Baissett qui le salua sans parvenir à cacher sa surprise ; en concevant immédiatement une profonde gêne, il ne répondit que timidement à son salut…

À cet instant, il eut le désagréable sentiment qu'il lui était impossible de cacher son infortune, comme s'il devenait totalement perméable à son regard et qu'elle pouvait lire à travers lui. Le fait est que Francine entretenait assez fréquemment des relations amicales avec son patron, et pour combler le tout, il n'ignorait pas que quelques années auparavant, elle exerçait au plus haut niveau des activités de renseignement ; activités dont il était difficile de se soustraire entièrement !

Quel était le genre exact de ses relations avec Bart Eagle ? Cet américain au service du NSA dont la mission consistait, à l'évidence, à informer les plus hautes autorités américaines au sujet de tous les faits et gestes susceptibles de graviter autour de la base sous-marine de San Stefano.

Il ne pouvait donc rien ignorer de son passé, et en particulier celui qu'en son temps il exerça au sein de l'US Navy, en sa qualité de sous-marinier, sur le tout premier sous-marin atomique ; un épisode qu'il avait cru pouvoir oublier à tout jamais et qui lui revenait là en pleine figure.

En arrivant au cercle la semaine précédente, quoiqu'il ait pu en éprouver un réel soulagement, il fut tout de même perturbé par l'absence tout à fait inhabituelle du Baron Heinrich Von Kartoffel, d'autant que celle-ci ne pouvait pas passer inaperçue dans le cercle restreint des joueurs.

Et d'ailleurs, bien que visiblement assez peu affectés, ceux-ci ne tardèrent toutefois pas à jaser derrière son dos :

C'est précisément cela qui l'empêchait de dormir depuis.

Que signifiaient exactement les propos d'Aziz lorsque celui-ci lui déclara « de toute façon, je le plomberai » ?

Ce qu'il interprétait alors comme une simple velléité de revanche autour de la table de jeu, risquait dorénavant de prendre une toute autre signification avec l'étrange et inexplicable disparition du Baron Heinrich.

Comme il s'y attendait, lorsqu'il pénétra dans la salle de jeu, le Baron brillait par son absence. Tous les regards se tournèrent vers lui, mais son ami Aziz lui décocha un sourire des plus avenants ; cela le rassura au point que, malgré sa dette envers Heinrich et sa troublante absence répétée, il en oublia vite ses inquiétudes, soulagé de constater que la chance lui souriait enfin à nouveau !

Et du reste, il n'allait tout de même pas se tracasser et se faire inutilement du mauvais sang pour celui qu'il pouvait légitimement considérer, depuis sa dette de jeu, comme son ennemi.

À la fin de la partie, alors qu'il empochait triomphant la coquette somme de cent dix dollars, Aziz Ben'Kassine vint le féliciter et lui signifier qu'il désirait instamment s'entretenir avec lui en acceptant son invitation à déjeuner à l'auberge gastronomique de l'hôtel « Les Pécheurs » ; puisque Aziz avait su sauver son honneur, il lui accorderait à l'avenir tout ce qu'il souhaitait.

*

* *

Il était environ sept heures moins le quart, lorsque Sidney tenta de joindre Paolo au téléphone ; il disposait à présent de renseignements crédibles et aurait souhaité l'en informer au plus vite ; mais en vain, celui-ci demeurait injoignable : « The phone number you are trying to call is unreachable ! ».

Dans le ciel, tous les signes avant-coureurs d'une violente tempête se conjuguaient à la fois ; de gros nuages noirs s'amoncelaient, plongeant l'île dans une obscurité lugubre de fin du monde. Le vent forcissait et quelques grosses gouttes de pluie éparses annonçaient un déluge imminent !

Leur retour risquait fort de s'avérer beaucoup plus laborieux que prévu, aussi pressa-il le pas…

Alors qu'il parvenait aux abords de l'embarcadère, Sidney stoppa d'un seul coup sa marche ; équipés de lampes torches, trois individus en armes inspectaient le zodiac de fond en comble :

– Shit ! Pensa-il, si fort qu'il se demanda en fin de compte s'il n'avait pas effectivement crié !

D'où il se trouvait, il pouvait entendre par intermittence le son des voix porté dans le vent, et parfois même distinctement quelques bribes de conversation dans un anglais approximatif !

Sur le plan de la discrétion, le moins que l'on puisse dire, est que leur venue dans l'île Cavallo et d'une manière générale en Corse, ne pouvait décemment plus être qualifiée « d'incognito » !

À présent, il devenait évident qu'une bande organisée, parfaitement renseignée et structurée, devait les pister depuis le début de leur arrivée à Figari, laquelle n'était pas passée inaperçue...

Bien qu'injoignable au téléphone, il lui fallait d'urgence trouver le moyen de contacter Paolo ; Sidney essaya vainement d'appeler la villa du Général, puis en désespoir de cause et sans plus de succès, Bart Eagle, à l'attention duquel il laissa sur son répondeur un message de détresse :

– Un comité d'accueil composé de trois hommes armés semble nous attendre à l'embarcadère, en outre je suis sans nouvelle de Paolo Ottari... la situation devient plus que préoccupante !

Le risque de se faire repérer était grand, toutefois il prit la décision d'aller au-devant de Paolo, n'ayant guère d'autre choix, encore fallait-il pouvoir contourner l'endroit sans se faire repérer. À la faveur de la nuit, en se dissimulant derrière les taillis, il y parvenait sans grande difficulté lorsque soudain, brisant le silence relatif de la tourmente, la sonnerie de son portable retentit ; dans sa précipitation pour l'arrêter, Sidney eut juste le temps d'entrevoir le nom de l'appelant affiché sur l'écran, Bart Eagle cherchait vraisemblablement à le rappeler suite à son message.

Sans pour autant être localisée, sa présence dans les parages avait bel et bien été détectée ; après avoir quitté le ponton, les trois hommes commencèrent à fouiller les abords immédiats ; à la lueur de leurs torches, ils balayaient systématiquement l'ensemble de la zone suspectée, se rapprochant dangereusement, peu à peu, de la cache improvisée et bien précaire de Sidney.

Il venait à peine de composer le numéro de son ami Paolo, lorsqu'il fut ceinturé et bâillonné, puis prestement recouvert d'un sac de toile opaque sur la tête qui le plongea dans le noir total ! Les mains entravées derrière le dos et fermement maintenu au niveau de chacun de ses bras, les hommes le propulsèrent avec vigueur en avant, lui intimant sèchement l'ordre de marcher, sans qu'un seul autre mot ne soit jamais échangé, ajoutant ainsi un degré de plus à son stress.

Malgré son expérience des situations à risques, il ne pouvait pas cette fois présager de la suite ; ses agresseurs ne paraissant guère enclins à la compassion, il était en droit de redouter le pire !

On le fit embarquer, non sans difficulté, sur ce qui lui sembla être une petite annexe à moteur, tanguant abominablement, embarquant de gros paquets de mer, aspergeant tous ses passagers. Aveuglé, ballotté, trempé des pieds à la tête et transi de froid, Sidney dut endurer ce supplice insupportable durant plus de vingt minutes avant d'aborder une embarcation plus importante, du moins à en juger par la hauteur de l'échelle de coupé que ses agresseurs l'obligèrent à gravir ! Il fut poussé sans ménagement dans un dédale de coursives, puis vers les marches d'une cale, un espace obscur et humide où régnait une odeur nauséabonde de gasoil et de poisson avarié.

L'un de ses kidnappeurs lui ôta le sac de la tête ; cela permit à Sidney de constater que le lieu, peu accueillant, de sa séquestration était de surcroît plongé dans une obscurité presque totale ; l'escalier fut remonté et la trappe se referma lourdement ; d'un seul coup il se retrouva seul.

Tout cela pour en arriver là, tant d'efforts anéantis d'un coup ; malgré son flegme légendaire « so British », Sidney Sireton se demanda si la vie valait réellement la peine d'être vécue ; cependant il se fit la réflexion que s'il devait y laisser sa peau, il devrait le faire avec dignité et donc dès à présent garder son self-control ; pour ne pas sombrer dans les affres de l'angoisse, il lui faudrait toujours conserver à l'esprit une lueur d'espoir en s'efforçant d'imaginer l'avenir…

– You're welcome !

Sidney se redressa soudain, une voix toute proche, qui semblait provenir de sa cellule même, venait de proférer une parole amicale, avait-il bien entendu ou était-ce les prémices du délire ?

– I can't see anything at all ! Where are you ?

– I'm here, near you… just in front of you !

Il n'avait donc pas rêvé, quelqu'un d'autre était bel et bien séquestré dans cette maudite cale !

– Who are you, Sir ?

– I am Sidney Sireton ! And you ?

– I am Jack D. !

…

Chapitre Six

Assez éloigné de « La Maousie », le domicile de Francine Baissett, sa charmante ex-partenaire et néanmoins « amie de cœur de longue date » dont les quarante-sept printemps le ravissaient, Paolo hâta le pas, moins pour gagner du temps qu'à cause de son empressement à la revoir ; la vie lui réservait parfois de bons côtés, notamment lorsqu'elle joignait l'utile à l'agréable…

Il faut avouer qu'elle possédait à elle seule, presque tous les atouts physiques et intellectuels de la séduction. Atouts dont, tout au long de sa carrière, elle avait abondamment tiré parti, en particulier lorsque cela s'imposait : si elle le décidait, peu d'hommes se montraient aptes à lui résister longtemps. Capable de se muer en une véritable et redoutable « praying mantis »[12] quand, joignant ses membres inférieurs comme si elle priait, elle enserrait l'orgueil de sa proie, gobant entre ses cuisses duveteuses la virilité de l'imprudent afin d'en extraire la semence, puis ses confidences les plus intimes, les plus souvent assorties de révélations d'importance. Pour celui pris

12. Mante Religieuse.

au piège, le douloureux réveil présentait tous les accents de la gueule de bois !

Belle, intelligente, spirituelle et sportive, elle essayait et pratiquait chaque discipline sur terre, sur mer ou dans l'air : course automobile, navigation, pilotage d'avion et de bien d'autres engins…

Drôle, dotée d'un sens aigu de l'observation et d'un humour « décapant », on ne s'ennuyait jamais en sa présence. C'est pourquoi Paolo lui pardonnait volontiers son côté « enfant gâtée » de blonde sexy, un aspect irritant de sa personnalité, dont elle jouait parfois sans modération : d'ailleurs la plupart des femmes se montrent tyranniques, mais à leur décharge, n'en ont nullement conscience…

La propriété comportait un vaste parc clos autour d'une ancienne bergerie ; tous les bâtiments d'architecture traditionnelle ayant été restaurés en pierres du pays, lauzes, bois et fer forgé. Paolo sonna à la grille d'entrée, restée ouverte et fit quelques pas sur les dalles de pierre ; Francine s'avança vers lui, encore plus rayonnante que jamais dans son mini-maillot de bain deux pièces, sculpturale à souhait et encore toute mouillée, sortant à l'évidence de sa piscine.

Elle colla son corps pour l'embrasser sur les joues, assorti d'un tendre baiser sur les lèvres ; malgré la quarantaine dont elle se défendait et l'homme averti par les relations pas toujours strictement platoniques qu'il avait entretenues avec elle, Paolo en eut le souffle littéralement coupé !

– Entre Paolo, je suis vraiment heureuse de te revoir !

Pour être franche, je dois t'avouer que ta visite tombe à pic ; la solitude forcée commençait à me peser ces derniers temps. En outre, j'ai pas mal de choses à te dire, personnelles et professionnelles, mais nous verrons plus tard. Installe-toi confortablement au bord de la piscine pour y piquer une tête et prendre l'apéritif, je vais te chercher une serviette et un maillot de bain. Fais-moi plaisir en m'accordant au moins toute ta journée.

– Ok Francine ! Mais il me faudra malheureusement te quitter au plus tard avant 19 heures.

– Je reviens de suite, tu peux aller te changer dans l'annexe et y déposer tous tes vêtements.

Alors qu'il se trouvait en tenue d'Adam, Paolo sentit deux bras l'enserrer en lui tendant ses affaires de bain, puis le corps de Francine se plaquer sans aucune équivoque contre son dos ; avec le rire clair d'une jeune fille amoureuse, elle lui déposa tendrement un baiser dans le cou :

– Un peu de natation te remettra les idées en place et pendant ce temps je vais nous préparer deux cocktails « Pimm's n° 1 Cup[13] », comme tu les aimes ! Cela te convient-il ? Bon bain !

Sans attendre de réponse, Francine s'enfuit vers la maison.

Paolo sortait déjà de l'eau lorsqu'elle réapparut tenant les deux verres embués et pleins du breuvage aux reflets chatoyants, vêtue par coquetterie d'un nouveau string jaune fluo mettant innocemment en valeur son bronzage et les

13. Cocktail créé en 1840 par Sir James Pimm à Londres : – 2 mesures de Pimm's (2/5) – 1 morceau d'ananas frais – 3 cerises à l'alcool – 1 quartier de citron avec son zeste – Champagne brut frappé + une feuille de menthe.

courbes longilignes de son anatomie aux formes éblouissantes, en tout cas plus qu'attrayantes pour un parfait honnête homme comme Paolo ! Elle déplaça l'épais matelas de mousse et vint s'allonger à ses côtés, naturellement alanguie :

– Tout en dégustant nos drinks, un peu de « bronzing » ne pourra que nous faire du bien…

Joignant l'acte à la parole, elle ôta le haut de son maillot, exhibant à sa vue la nudité de sa poitrine ferme et généreuse, aux arrogants tétons érigés ; aguichante et provocante à souhait !

– À notre santé, mon cher Paolo ! Le déjeuner est déjà préparé, nous avons tout notre temps…

Les inhibitions s'envolant à tire d'aile sous les effets de l'alcool, tout paraissait alors possible, le temps s'était arrêté et Paolo se demanda si le paradis éternel pouvait être aussi enviable…

Sans plus un mot Francine se retourna vers lui en s'inclinant pour l'embrasser sur la bouche ; l'encourageant, Paolo l'attira ; elle se laissa faire et s'allongea lascivement contre son corps…

Paolo cru défaillir sous les stimulations de son épiderme, submergé par la sensation que lui procurait l'indicible volupté de sa chair abandonnée ; son pouls s'accéléra encore lorsqu'elle commença à le caresser avec une lenteur extrême, à l'aide de ses mains, enfin de sa bouche qu'elle finit alors par plaquer impétueusement contre la sienne en gémissant au paroxysme du désir ! Paolo entreprit de lui masser la chute des reins, puis lui enserra les fesses contre sa virilité, et descendit graduellement vers ses cuisses qu'elle écarta en signe de soumission, offerte ! L'émotion était à son comble ! La tension les entraîna dans un torrent incontrôlé de sensualité…

Se redressant soudain, Francine se leva et le prenant par la main l'entraîna vers la maison afin de pouvoir consommer en toute plénitude l'acte ancestral d'accouplement devenu inéluctable ; concentrés sur la volupté et la promesse de jouissances à venir, ils n'échangèrent pas un mot !

Parvenus dans la chambre, ils s'effondrèrent sur le lit, Paolo entreprit de lui ôter le bas de son maillot déjà inondé du miel de sa féminité, puis tendit la main vers son intimité entrouverte ; elle le saisit à pleine main, se lovant autour de son membre alourdi par le gonflement du désir !

Lui écartant les cuisses, il la pénétra d'un seul coup sans ménagement ; sans qu'elle lui offre la moindre résistance, elle noua ses jambes autour de son torse pour mieux assurer sa prise, son corps tout entier s'arc-bouta comme sous l'effet d'une décharge électrique, élevant son bassin, les reins cambrés, elle vint au-devant de lui et l'attira au plus profond d'elle-même…

Tendue vers la source du plaisir, elle émit un feulement plaintif annihilant toute résistance, Paolo explosa en elle ! Libérant sa semence avec profusion, il mit fin à l'attente exacerbée de sa partenaire, dont il reçut les spasmes libérateurs du ventre en fusion ! Offerte au flot séminal, elle poussa un cri d'amour primitif et s'abandonna à la palpitation de sa féminité ensemencée, polluée, profanée, organiquement soumise à la domination et aux pulsions animales du mâle !

Son extatique jouissance se prolongea en d'interminables convulsions, les entraînant dans une vertigineuse cascade d'éjaculations et d'orgasmes successifs ; à la fin presque douloureuse…

Selon Paolo, dans l'urgence, il valait mieux éteindre l'incendie dévastateur et aviser ensuite.

– Francine ! Je meurs littéralement de faim !

– Oui Paolo, moi aussi et j'ai besoin de te parler ! Laisses moi le temps de prendre ma douche, de m'arranger un brin, d'enfiler une tenue, disons… plus décente, et nous passerons à table.

Elle s'installa à califourchon sur lui, les cuisses grandes ouvertes, cambra bien haut sa poitrine en signe d'offrande, impudique et provocante, intentionnellement dominatrice et possessive.

– En attendant, repose-toi, car tu auras peut-être encore besoin de tes forces cet après-midi, sache je n'ai pas du tout l'intention d'en rester là, et qu'il te faudra enfin… faire tes preuves !

Se levant d'un bond dans un grand éclat de rire, elle disparut vers la salle de bain…

Anéanti par tant d'impudence, Paolo sombra en souriant dans un demi-sommeil…

Soudain, une voix à la fois angélique et claironnante s'adressa à lui :

– Paolo ! Paolo ! Réveille-toi, nous passons à table.

– J'arrive mon ange…

Il récupéra ses vêtements à l'annexe, où il prit une rapide douche, et regagna la salle à manger attenante au spacieux salon dont les murs de grosses pierres grises et les poutres apparentes atténuaient l'intense lumière extérieure malgré de vastes baies vitrées donnant sur le jardin ; un mobilier peu fragile composé de bois et cuirs foncés meublait confortablement l'ensemble.

Il fut agréablement surpris par la fraîcheur de la pièce ombragée. Francine sortait de sa cuisine en tenant un plateau, revêtue d'une longue jupe de soie froissée et d'un étroit boléro blanc, presque transparent, qui la dévoilait impudiquement jusqu'au-dessous du nombril, offrant à son regard sa presque nudité ; Paolo observa au passage qu'elle ne portait pas de soutien-gorge !

Éclatante et séduisante, il la trouva plus que jamais désirable ; elle observa son émoi avec plaisir…

Au cours du déjeuner – pois chiches en salade, brouillade d'asperges sauvages et Patrimonio – Paolo prit le temps de lui exposer de façon détaillée la raison plus professionnelle de sa visite : la disparition de Jack D., l'assistance apportée à son ami Sidney Sireton, leur visite matinale auprès du Général, les derniers renseignements récoltés, ses interrogations et préoccupations.

– Bien que ne l'ayant pas rencontré, j'ai été informé de la présence de Jack D. dans notre île, ainsi que de la venue de ton ami Sidney ; et comme tu n'es pas sans le savoir Paolo, ici tout se sait !

Ceci est inhérent à l'insularité, tout le monde se connaît et n'ignore donc rien de son voisin ; situation tacite qui paradoxalement impose de respecter l'ancestrale coutume de l'omerta ; puisqu'ici tout le monde sait tout sur tout, rien ne peut et ne doit sortir de la grande famille, personne ne risquerait un tel déshonneur : sous peine de mort, la délation ne peut être tolérée.

– Je ne l'ignore pas, Francine.

– Quoi que tu fasses, cette île te considérera toujours comme un simple étranger ; tu ne dois jamais accorder ta confiance à qui que ce soit, surtout ne lâcher en aucun cas la moindre confidence. Ce que je viens de dire vaut même pour le Général Pedro Samovar, et son majordome Kevin.

– Cela n'arrange guère nos affaires, Francine.

– La vulnérabilité de Kevin se confirme jour après jour ; entraînant de ce fait celle du Général !

– Bigre… tu fais bien de m'avertir !

– Depuis les « événements » de Santo Stefano, l'ambiance reste extrêmement tendue et confuse ; non seulement les pays concernés s'activent en ordre dispersé à partir de la Corse ou la Sardaigne, mais comme Pedro Samovar te l'a déjà expliqué, la présence au sud de la Sardaigne d'un groupuscule multiethnique de ressortissants étrangers non identifiés complique la situation. Tout me laisse à penser qu'il s'agit de mafieux, de mercenaires ou de terroristes aux ordres, probablement dangereux, qui connaissent exactement vos activités et le motif de votre venue.

– Si je comprends bien, ma mission risque de s'avérer beaucoup plus complexe et dangereuse que prévue.

– Crois-moi Paolo, elle l'est déjà !

Ne souhaitant pas prendre le moindre risque de devoir lui avouer sa petite faiblesse passagère avec Bart Eagle, de fait Francine omit de lui révéler la présence de l'américain sur l'île Cavallo :

– Discrétion totale et vigilance extrême s'imposent ; je ne souhaiterais en aucun cas te perdre Paolo.

– Ah ! J'ignorais que tu tenais autant à moi…

– Hypocrite et menteur, voilà tes qualités ! Tu ne perds rien pour attendre mon cher. En attendant, si tu le veux bien, allons prendre notre café dans le canapé du salon…

Chargée d'un plateau qu'elle déposa sur la table base, Francine vint s'asseoir à ses côtés sur l'imposant canapé de cuir et releva sa jupe pour lui permettre de replier ses jambes sous elle ; impatiente, elle l'entoura tendrement de ses bras et l'embrassa sans retenue sur la bouche…

Paolo répondit à son attente en caressant d'une main la poitrine offerte sous le boléro blanc ; elle rejeta la tête en arrière en gémissant, les pointes durcies de ses seins trahissant son désir. Il descendit plus bas vers les genoux, puis la caressa entre les cuisses en un lent mouvement de flux et de reflux insupportable, destiné à accentuer plus encore l'intensité de sa frustration ; elle s'ouvrit graduellement pour faciliter sa progression ; puis vint au-devant de lui, liquéfiée ! Constatant sa nudité, sans plus d'obstacle il entreprit de lui masser l'extrémité de son intimité avide de jouissances, béante du désir de sa virilité et déjà ruisselante de l'attente des plaisirs. Ouvrant son boléro pour mieux la contempler, il acheva de remonter la jupe jusqu'à la taille ; elle le dévêtit à son tour avec empressement, puis le happa goulûment au fond de sa bouche…

Le sentant venir sous le va-et-vient répété de ses lèvres, elle l'enfonça fermement et le garda ; il se répandit alors en longs jets de semence qu'elle reçut au fond de sa gorge. Frémissante, elle eut un violent orgasme au contact de l'aphrodisiaque élixir, et le maintint jusqu'au bout de sa jouissance !

Il lui écarta impudiquement les cuisses, grandes ouvertes pour goûter au miel de son sexe inondé, l'ouvrit plus avant de sa langue, l'explora, contempla la montée des convulsions de la vulve voluptueusement offerte à son regard ; puis elle jouit à nouveau en savourant la liqueur séminale ! Il dégusta longuement l'abondante cyprine qui s'écoulait à chaque palpitation de son ventre ; avec l'aide de ses mains et de sa bouche, elle pompa goulûment les ultimes gouttes du nectar…

Tels des poissons hors de l'eau, ils éprouvèrent les délices des spasmes ultimes de l'agonie, et restèrent longuement ainsi, silencieux, allongés côte à côte, l'âme au ciel et le cœur en fête !

– Ai-je été reçue à l'issue de cette épreuve… orale ?

– Fort heureusement, et avec la mention « assez bien ».

– Espèce de salaud ! Je me rattraperai aux tests pratiques.

– Vous êtes à n'en pas douter une élève très brillante… et qui a toutes ses chances !

– Paolo ! Je souhaite te parler d'une chose qui me tient à cœur…

– Je t'écoute Francine ! Il est plus que temps de boire notre café tiède.

– Comme tu l'as peut-être déjà constaté, tu ne m'es pas indifférent, ce depuis bien longtemps ! Je voulais cependant que tu l'apprennes directement de ma bouche ; eh bien c'est chose faite !

– Oh oui, Francine ! Ta bouche fut un moment sublime, vraiment magique !

– Hum ! Ne te moque pas et écoute-moi plutôt ! Ce n'est pas facile pour moi...

– Peu d'hommes m'ont séduit dans la vie, mais s'il en est un que j'apprécie par-dessus tout, c'est bien toi ! Malgré notre éloignement, j'ai patienté le temps qu'il fallait avant de pouvoir te le dire.

Alors sache que je tiens vraiment à toi, que je t'aime et... que j'ai envie de vivre avec toi !

Je ne te demande pas de me répondre dès maintenant, je te laisse tout le temps d'y réfléchir.

– Francine, la réciproque est vraie, je n'ai jamais rencontré de femme plus séduisante que toi.

Comme tu le souhaites, je réfléchirai à ta proposition, mais je sais déjà que ce sera... Oui ! Car je t'aime énormément ; ton esprit et ton corps me manquent souvent et j'ai envie de toi.

– Moi aussi Paolo, j'ai toujours eu très envie de toi, et nous allons donc fêter cela dignement !

Avec autorité et fermeté, Francine le prit par la main et l'entraîna à nouveau vers la chambre où sans autre préméditation ils vérifièrent quelques-unes des antiques positions du

Kamasoutra ; sa soumission sans retenue à la possession du mâle lui procura une jouissance intense…

Dominé par son instinct animal, il entreprit alors de tester les limites de sa docilité de femelle. La retournant sur le ventre, il lui releva la croupe ; elle ne se refusa pas et cambra les reins, abandonnée et soumise, lui accordant l'offrande de ce qu'elle avait toujours refusé jusqu'alors !

Il l'apprivoisa à accepter sa virilité triomphante, à s'ouvrir, puis à l'accueillir, à en souhaiter l'impérieuse pénétration, à en éprouver la frustration exacerbée, puis à la désirer pleinement jusqu'à l'ultime consentement ! Elle s'offrit alors au sacrifice suprême ! Maintenant sa croupe, il la força au plus profond, elle s'effondra écrasée sous le poids de l'homme : impuissante à stopper le viol de ses reins…

Elle éprouva le confus mélange de la souffrance et du plaisir intense, jusque-là inconnu d'elle ; la perversité de la provocation, le trouble désir de son outrage, l'excitation de sa profanation !

Sentant monter les prémices du plaisir final, il accéléra le rythme en la pilonnant sans retenue, lui souffletant vigoureusement les fesses afin de l'exciter plus encore, jusqu'au paroxysme ! Submergé du désir de sa défloration intégrale, il l'amena tout au bord du plaisir orgasmique, et se répandit alors puissamment en elle ; ils fusionnèrent ainsi en jouissances incontrôlables…

– Paolo !

– Oui ?

– Ai-je réussi les exercices préliminaires à l'épreuve d'entrée !

Se redressant, elle éclata de rire, puis se renversa effrontément sur lui, comblée de tous côtés !

– Tu m'as violée… espèce de salaud ! Non seulement, je devrais porter plainte contre toi, mais sache qu'au sortir de l'épreuve d'aptitude, tu n'es même pas « admissible » à l'entrée !

– Mon admission est-elle irrémédiablement compromise ?

– Non, mais tu devras repasser tous les tests préliminaires !

– Je me suis pourtant minutieusement appliqué à la préparer…

– Simple manque d'ouverture ! L'insuffisance de ta préparation ne plaide guère en ta faveur. Il te faudra suivre régulièrement l'ensemble des cours préparatoires d'aptitude à la pratique. La semaine prochaine, tu es cependant convié à te présenter aux différents tests de rattrapage…

– Salope ! Tu n'es vraiment qu'une petite pute insatiable et vicieuse, impossible à satisfaire ! J'aimerais t'entraver nue sur le lit, te fouetter et pouvoir abuser de toi selon tous mes désirs ; faire en sorte que ton corps ne soit plus que l'instrument d'assouvissement de mes fantasmes !

– Hum, c'est assurément tentant ! J'aimerais bien essayer ; nous aviserons… la prochaine fois !

Francine pensa secrètement qu'elle méritait bien ce juste châtiment afin d'expier ses écarts, notamment celui que, peu de temps auparavant, elle venait de commettre en toute conscience avec ce diable d'américain et auprès duquel elle se rappelait avoir passé d'excellents moments !

– Tu es pire que ce que je n'aurais jamais osé même imaginer, tu mériterais de te voir décerner la palme d'or de la volupté, avec une mention spéciale du jury ! Cela promet pour l'avenir…

Paolo regarda par la fenêtre, dehors le ciel s'était obscurci :

– Francine, il me faut vraiment songer à te quitter.

– Pour toujours ? dit-elle avec un sourire facétieux.

– Ne sois pas bête, il est simplement déjà 18 heures !

– Sauvé par le gong, hein ! L'école est finie… n'oublie pas de dire au revoir à ta maîtresse !

– Non, pas avant d'avoir avalé une solide collation, je suis affamé !

– Tant mieux, car je n'ai pas envie de te quitter… Je t'aime Paolo !

Peu habitué à entendre de tels mots, les yeux embués par l'émotion, Paolo détourna la tête, foudroyé par le bonheur inattendu que lui offrait cette formidable femme, plus jeune que lui.

Cette manifestation de faiblesse bouleversa Francine ; touchée par sa vulnérabilité enfantine, elle entreprit de le câliner, en lui caressant lentement la tête, puis en l'embrassant tendrement.

Comblé d'un amour qu'il n'avait jamais connu jusqu'alors, il se sentit coupable de la solitude dans laquelle il l'avait abandonnée, de ses craintes infantiles et de ses excuses accablantes ! Avait-il encore seulement le droit de lui dire ce que, elle, savait depuis toujours : qu'ils s'aimaient ?

Dès le premier jour, avant qu'elle n'en soit consciente, troublée par sa présence, il l'avait déjà assaillie, convoitée, désirée, envahie, investie, explorée et mille fois possédée. Il savait qu'elle était faite pour lui, qu'elle savait tout cela et bien plus encore, qu'aucun obstacle, qu'aucune autre volonté ne pourraient désormais entraver leurs attirances.

Il savait qu'il était vain de distraire l'inclination des âmes affranchies de l'espace et du temps, intimement réunies, dansant avec les étoiles : ne formant alors plus qu'un !

Ils mangèrent en silence, se regardèrent les yeux dans les yeux, comme de jeunes adolescents, en extase l'un de l'autre ! L'esprit en fête et le cœur un peu lourd d'avoir à se quitter trop tôt :

– Bien ! Francine, c'est le moment de nous séparer.

– Oh non Paolo, ce n'est plus possible ! Je t'en supplie, ne m'abandonne plus, reste avec moi ! Éprouvée par l'accumulation des émotions endurées, elle s'effondra dans ses bras, en larmes.

Il dut à son tour l'apaiser, la calmer, et lui promit de l'appeler dès son arrivée à Saint-Cyprien.

Dehors le temps se faisait menaçant. Lorsque Paolo prit le chemin du retour, le vent se levait ; de gros nuages commencèrent à balayer le ciel obscurci ; la pluie n'allait pas tarder à arriver. Sa marche forcée jusqu'au ponton du bateau, sous les averses du « levante » risquait dans ces conditions de ressembler plus au parcours du combattant qu'à une simple promenade de santé…

Au tiers du chemin, le ciel devint plus sombre, la force du vent s'intensifia et les premières gouttes d'eau commencèrent à faire leur apparition, l'obligeant bientôt à enfiler son K-way.

Puis une violente tempête éclata ; se déplacer sans éclairage allait vite devenir problématique !

Encore tout imprégné de l'odeur de Francine et marqué de son empreinte de la tête aux pieds, Paolo se dit que seulement quelques minutes suffisaient pour être expulsé du paradis terrestre !

En passant devant la villa isolée du Général Samovar, il remarqua que, fort bizarrement, pas le moindre rai de lumière ne filtrait des fenêtres, ce qui rendait l'endroit tout à fait sinistre…

Il s'engagea sur le même sentier en pente qu'à l'aller ; peu fréquenté de jour, il ne risquait guère d'y rencontrer âme qui vive. Le manque de visibilité et le chemin devenu impraticable, raviné par de véritables torrents dévalant vers la mer, rendaient sa progression hasardeuse ; la vue brouillée par les trombes d'eau, Paolo avançait à tâtons dans l'obscurité, risquant à chaque pas en avant de perdre l'équilibre.

Loin devant lui, il crut un instant apercevoir la faible lueur d'une lampe torche qui le rassura, Sidney devait le devancer de quelques minutes ; il accéléra l'allure et dans sa hâte chuta la tête la première dans une profonde ornière d'eau boueuse. Il se releva péniblement, suffoqué, trempé et couvert de boue de la tête aux pieds, aveuglé, puis reprit sa respiration, immobile. Après s'être nettoyé les mains sous la pluie battante, il s'essuya le visage avec son mouchoir et reprit sa route avec prudence, transi de froid, les chaussures pleines d'eau, les pieds glacés !

Épuisé, il faillit à plusieurs reprises abandonner sa progression ; Paolo Ottari n'était pourtant pas homme à renoncer. Sa vieille montre LIP affichait déjà 19 h 40 lorsqu'il parvint au ponton : désert !

Il tenta de scruter les alentours : personne ! Puis appela Sidney à plusieurs reprises : en vain !

Pris d'un mauvais pressentiment, Paolo décida d'attendre son ami jusqu'à 20 heures au moins. De grosses vagues ébranlaient le vieux ponton vermoulu et ballottaient la frêle embarcation ; tirant furieusement sur ses amarres, elle menaçait à chaque instant de tout emporter au large.

Sans illusion, Paolo dégagea avec difficulté son portable de sa poche détrempée : inutilisable ! En se rapprochant de l'embarcadère il remarqua dans la boue plusieurs traces récentes de pas. Quelqu'un était venu inspecter les lieux peu de temps avant lui, ce qui expliquait la brève lueur entraperçue ; à coup sûr il ne pouvait pas être bien loin, caché et le surveillant peut-être !

Piégé et ne supportant pas l'inaction, il prit l'initiative de rebrousser chemin jusqu'à la villa afin d'aller à la rencontre de Sidney et, le cas échéant, de s'informer auprès de Pedro Samovar.

Sa décision téméraire l'entraîna pendant presque une heure dans un pénible et très douloureux chemin de croix, parsemé à plusieurs reprises de chutes à travers des cascades d'eau boueuse. Parvenu devant la grille de la villa, toujours plongée dans le noir, Paolo se rua sur la poignée de la chaîne censée avertir leurs hôtes de sa présence ; pas âme qui vive ne se manifesta !

– Bon sang, et Sidney qui ne donnait toujours pas signe de vie ! Où était-il à cette heure ?

Une sourde inquiétude l'envahit soudain : tout ceci sentait vraiment de plus en plus mauvais…

– Oh Francine, pourvu que tu n'aies pas déjà à subir les conséquences de ma visite !

Au bout du rouleau, mais conscient des risques qu'il encourait en restant encore sur cette île, il écarta l'idée de rejoindre son amie ; hormis le fait de trouver un peu de réconfort dans son triste état et nonobstant le risque qu'il pouvait lui faire courir en attirant l'attention sur elle, cette alternative offrait peu d'intérêt : l'expérience lui avait appris qu'il valait mieux anticiper. Fort heureusement, Paolo Ottari se trouvait en mesure de quitter rapidement l'île Cavallo, Sidney ayant pris la peine de lui montrer l'endroit précis où il dissimulait les clés du bateau.

Le calvaire qu'il dut subir au retour n'eut rien à envier à celui de l'aller, à la nuance près qu'un violent orage éclata, dont les fréquents éclairs lui permirent de se diriger plus aisément, malgré les gerbes d'eau lui cinglant le visage sous les furieuses bourrasques du vent déchaîné.

Le pied sur le ponton délabré, mais toujours en place malgré la tempête, lui procura presque un réconfort, il était temps ! Néanmoins, des traces de boue sur le plancher du pneumatique lui confirmèrent sa première appréhension : À l'évidence, quelqu'un s'intéressait à eux de près…

Sans autre difficulté, Paolo retrouva la clé de contact et mit en marche les deux puissantes turbines ; rassuré par leur doux ronronnement, il largua les amarres et s'éloigna rapidement du rivage.

Il contourna l'île Cavallo par l'Ouest ; scrutant l'horizon, il crut entrevoir au loin les premières lumières de Sperone, un petit signe de vie. Sa tension jusqu'alors extrême, se relâchait enfin.

Pour autant, compte tenu de l'état de la mer et de la très mauvaise visibilité, la partie n'était certes pas gagnée d'avance, il lui restait tout de même à regagner Cala Rossa sans encombre.

Remontant vers le nord, il poussa modérément les gaz en avant afin de gagner de la vitesse ; le bateau prit son allure de croisière, surfant rapidement de vagues en vagues ; malgré une mer tumultueuse, sa facilité de pilotage et sa parfaite tenue lui procurait un sentiment de sécurité. Cependant, l'obscurité et une épaisse brume de mer aggravaient les risques de collision, lui imposant une vigilance absolue.

Soudain, un peu avant de parvenir à la baie de Rondinara, alerté par une variation de la sonorité ambiante, il aperçut en se retournant la proue d'un bateau !

Méfiant, il amorça une manœuvre de diversion en virant bâbord Ouest en direction de la baie ; mais la proue du poursuivant continuait à se rapprocher progressivement, confirmant ses craintes :

– On cherchait d'une façon ou d'une autre à l'éliminer, dans le meilleur des cas à l'intimider.

Jouant son va-tout, Paolo modifia vivement sa trajectoire, puis enfonça d'un seul coup la commande des gaz à fond, propulsant son bateau vers le large dans la brume épaisse. Effleurant à peine l'eau, la coque se mit littéralement à voler à la surface de la mer démontée ; dans sa course diabolique l'embarcation tressautait furieusement sur la crête des vagues les plus rapprochées et sans prévenir, retombait avec encore plus de violence dans les creux…

– « Quitte ou double ! » hurla-t-il afin de conjurer sa peur.

Vite distancés, pour son plus grand soulagement, les poursuivants abandonnèrent aussitôt la partie.

Par sécurité, il décida toutefois de continuer encore un long moment à s'éloigner vers le large, puis il coupa un instant les moteurs et tendit l'oreille ; rassuré par l'absence de bruits suspects, il remit alors le cap vers le phare de la Chiappa marquant l'entrée de la baie de Porto-Vecchio.

La fin de la traversée s'effectua sans autres difficultés ; enfin parvenu devant l'embarcadère du « Géant Hôtel », Paolo manœuvra une dernière fois pour amarrer le zodiac, coupa les moteurs, pressa le bouton électrique actionnant leur remontée, et fut surpris par le calme et le silence.

Non sans crainte, l'inspecteur Ottari comprit alors qu'il avait mis les doigts dans une redoutable affaire, autour de laquelle les plus curieux, assurément indésirables, disparaissaient tous les uns après les autres !

…

Chapitre Sept

Dès le début du mois de septembre 2003, la DIA[14] s'attendait à ce que des actions terroristes d'envergures soient dirigées contre certaines des bases militaires américaines réparties autour du globe !

Le « Squadron Submarine 22 » ne tarda pas à confirmer le bien fondé de ces avertissements lorsqu'il détecta autour du nord de la Sardaigne les premiers signaux d'émissions étrangères ! Puis la présence répétée d'embarcations naviguant à proximité de l'archipel de La Maddalena, qui bien qu'assez fréquenté par nombre de pêcheurs locaux, ne l'était toutefois pas à n'importe quelle heure de la nuit !

Ces émissions radioélectriques provenaient en particulier d'un gros chalutier italien vétuste, immatriculé à Livourne,

---

14. La D.I.A. ou « Defense Intelligence Agency » est un organisme de renseignements exclusivement militaires, qui emploie 19.000 personnes et dispose d'un budget officiel de 2 milliards de Dollars, dont le rôle essentiel consiste à coordonner le travail des agences de renseignement de la totalité des armes de la défense américaine (Air Force, Navy, Army). La D.I.A. dispose de ses propres agents à l'étranger, au nombre de 2.000 environ.

au sujet duquel les services spécialisés du renseignement, puis les militaires, concentrèrent leur attention…

Peu de temps après, Bart Eagle, un agent spécial de l'agence NSA fut discrètement dépêché sur les lieux afin de compléter le travail des sous-mariniers en collectant divers renseignements « in situ ».

Le matin du samedi 25 octobre, les membres de l'équipage terminaient de se préparer pour la mer afin d'assurer une campagne méditerranéenne d'écoute et de surveillance… et bien d'autres missions ! Le chef des officiers mariniers leur enjoignit alors de s'assurer que tout était bien fermé et attaché, car en cas de collision, les objets peuvent se transformer en projectiles extrêmement dangereux.

Aux environs de 10 h 30, après avoir déroulé une check-list de sécurité pour s'assurer que le sous-marin était fin prêt, l'officier de quart ordonna la plongée. À l'immersion périscopique, le submersible se situait 12 km au sud-est des Bouches de Bonifacio, les cartes indiquant qu'il disposait d'une profondeur approximative de 350 mètres sous coque, en tous les cas, largement suffisante pour une plongée avec des sous-mariniers expérimentés.

Et le Hardfort utilisant son inclinaison pour prendre de la vitesse, croisa bientôt à une vitesse de plus de 23 nœuds.

Dès le début de sa campagne, l'équipage localisa la signature du chalutier en mouvement vers les Bouches de Bonifacio, il faut préciser, peu fréquentées à cette époque : depuis 1992, seuls les pétroliers battant pavillon français et italien ont l'interdiction formelle de traverser le détroit ; s'agissant d'eaux internationales, il n'en est pas de même pour les autres.

Aussitôt, le commandant du submersible adressa un message crypté à la base de San Stefano :

– Du 670I : signature 2.728 en fuite au cap 270, en attente d'instructions…

Le message remonta de San Stefano jusqu'au centre de direction des opérations de la DIA, puis resta sans réponse ; le Hardfort attendit longuement la décision du haut commandement !

– Du SS22 : pour exécution « sans confirmation », stoppez signature 2.728…

La réponse laconique et brutale, était sans appel ! Malgré la gravité, et les conséquences, de l'ordre qui venait de lui être donné, le Commandant du Hardfort s'exécuta et fit promptement procéder au branle-bas de combat…

Dorénavant, la stratégie d'attaque ne relevait plus que de sa seule et entière responsabilité ; pour le choix des actions à entreprendre : lieu, instant, et les moyens d'intervention, le Commandant restait le seul maître à bord !

Il prit donc la décision de cueillir le chalutier au large de la Méditerranée, bien après le détroit, sans pouvoir réaliser une seule seconde que le vieux navire l'entraînait vers un piège mortel.

Deux torpilles « Grizzly[15] » furent introduites dans les tubes de lancement ; avec un seul de ces suppositoires du

---

15. La Grizzly « briseuses de coques » est le nouvel avatar de la famille des Mk-48 en remplacement de la Shark, défaillante dans certains domaines. La Grizzly bénéficie d'un sonar repensé et des récents progrès en acoustique qui en font la torpille la moins bruyante, et son hydrodynamique aussi été revue afin d'améliorer sa maniabilité.

diable, le chalutier sombrerait, corps et biens, en moins de cinq secondes !

En fonction des calculs de l'ordinateur de bord, cette chasse qui devait se poursuivre durant 37 minutes environ, avant « traitement de la cible », ne dura guère plus de quelques minutes ! Totalement engagé dans la passe, le Hardfort enregistra soudain deux explosions simultanées : l'une assez rapprochée à 20 h, l'autre plus éloignée à 14 h ! Deux sourdes déflagrations furent effectivement perçues par la population locale… plutôt familiarisée avec cette mélodie !

Les ondes de choc sous-marines propagées rattrapèrent le Hardfort sept secondes plus tard : l'une par tribord avant, à la hauteur de la proue, l'autre bâbord arrière, à la poupe. Sous les puissants effets du couple exercé par les énormes pressions d'eau sur la coque, le bâtiment pris en tenaille, effectua une lente rotation incontrôlable de plus de 80 degrés, en direction de la barrière de granit des Monaci !

Alors que le Hardfort franchissait le détroit, soit treize minutes après avoir entamé sa plongée, le submersible heurta violemment le relief marin ; l'arrière du bâtiment s'écrasa avec brutalité sur un obstacle de granit qui lui fit chuter sa vitesse de 23 nœuds à moins de 3 nœuds !

Dans ce type d'accident, c'est-à-dire sous l'effet d'un choc, la masse du navire et sa vitesse se convertissent en énergie, selon la célèbre formule $W = 1/2MV^2$; ce qui explique l'ampleur des dégâts et les blessures des marins.

Malgré la force de l'impact, les organes vitaux ne furent pas touchés : ni le réacteur nucléaire, ni les turbines à vapeur, ni le réseau de distribution électrique, ni les systèmes de navigation.

Les membres d'équipage racontèrent que cet instant leur avait semblé irréel, aussi inattendu qu'il leur fallut un assez long moment avant de réaliser ce qui était arrivé : le sous-marin, hors de contrôle, avait heurté quelque chose ; image après image, le désastre se déroulait au ralenti…

L'officier de plongée, habituellement attaché à son siège au poste central, venait juste de détacher sa ceinture lorsqu'il se cogna violemment au panneau de contrôle, brisant les jauges.

Certains membres d'équipage furent brutalement projetés, manquant de peu de tomber dans les escaliers. Attendant de prendre leur quart, en fumant au niveau inférieur de la salle des machines, d'autres furent sérieusement blessés ; ce réduit, seul endroit où fumer est autorisé, contenant beaucoup d'arêtes acérées, provoqua de très nombreuses coupures et fractures ; celles-ci seront soignées plus tard.

Projeté sur une prise d'air d'urgence, le commandant en second avait alors subi de sérieuses blessures au dos, mais il prit rapidement la direction des mesures de contrôle des dommages. Les blessés furent regroupés dans le mess, là où les tables avaient été dressées pour le repas ; entraîné à la médecine d'urgence, l'infirmier du navire commença alors à traiter les blessures.

Toutefois, dans ce chaos, l'équipage avait néanmoins suivi les procédures auxquelles il était entraîné ; un des membres d'équipage, le bras cassé dans l'accident, réussit à actionner le « chicken switch »[16] déclenchant l'envoi d'air à haute pression dans les ballasts afin de forcer le retour à la surface et le sous-

16. Littéralement le « bouton des peureux ».

marin parvint ainsi par ses propres moyens à rentrer à son port d'attache !

Bien préparée, l'opération terroriste ennemie pouvait, « de leur point de vue », être considérée comme un succès total, le Squadron Submarine 22 et l'équipage du Hardfort s'étaient fait piéger comme des bleus !

Ce regrettable incident raviva l'action des écologistes qui en profitèrent pour attirer l'attention des populations corses et sardes, d'une part sur la pollution radioactive des fonds sous-marins, et d'autre part sur le projet d'extension de la base militaire américaine, en cours de réalisation.

Les examens mettaient en évidence des traces de thorium 234, issu de la désintégration de l'uranium 238, largement supérieures aux niveaux de sécurité. À certains endroits sur la mer, la concentration s'élevait à plus de 4 000 becquerels, la valeur normale ne devant pas dépasser quelques dizaines de becquerels ; et plus les échantillons prélevés étaient proches de la base de Santo Stefano, en charge des sous-marins, plus leur radioactivité était forte.

Avec l'assistance de différentes associations de défense de l'environnement, un laboratoire indépendant dynamique, qui avait analysé des échantillons d'algues, exprima un doute concernant les rejets susceptibles d'être émis par la base de l'US Navy :

« Dans les échantillons d'algues rouges, prélevés à côté de la base, on trouve un taux sacrément élevé de thorium 234, un radionucléide associé habituellement à l'uranium 238 ! Il pourrait évidemment s'agir d'un phénomène naturel, mais il pourrait tout aussi bien s'agir d'un marquage radiologique dû au fonctionnement de la base militaire ».

Les autorités italiennes, américaines et françaises ne semblaient pas pressées de trouver une réponse à cette question ! Mais sur le territoire italien, il existait en outre un autre facteur non négligeable d'incertitude ; la plupart des organismes chargés du contrôle de la radioactivité avaient été réduits au minimum.

Les militaires et politiques français étant d'autant moins enclins à agiter le spectre de la contamination que dans la rade de Brest, « L'île Longue », le sanctuaire de l'atome militaire, abrite les quatre redoutables sous-marins atomiques lanceurs d'engins S.N.L.E. de l'hexagone : chacun étant capable d'embarquer 16 missiles M45 composés de 6 têtes nucléaires de type T.N.75.

Les 384 têtes nucléaires de 150 kilotonnes à la base du dispositif de la force de dissuasion et les réacteurs nucléaires constituant la plus importante centralisation de matières fissiles en Europe ; il serait malvenu d'ameuter l'opinion publique sur un sujet disons « aussi explosif » !

Il faut bien reconnaître qu'avec les affaires du sang contaminé et notamment de Tchernobyl, le gouvernement de la France détenait la palme du mensonge et de l'omerta dans ce domaine ; ce sans compter l'inquiétante incapacité des médias français à informer leurs concitoyens !

L'irresponsabilité meurtrière de hauts dirigeants du secteur public, de responsables de l'information, de scientifiques, « à la rigueur responsables, mais pas coupables », oubliant précisément qu'assumer des responsabilités, c'est aussi être capable d'en endosser les sanctions éventuelles, pouvait se mesurer aux effroyables conséquences sur la santé et la vie de plusieurs milliers de personnes frappées dans leur chair ; il fut une époque où tous « ces bons républicains » n'hésitaient pas à guillotiner pour moins que cela !

*

* *

Au plan international, ni le Pentagone, ni la Navy ne pouvaient officialiser les causes réelles de l'accident du Hardfort sans déclencher les réactions offusquées des pays du monde entier ! En outre, une intervention directe des États-Unis en territoire italien ou à partir du sol français, depuis le départ de l'OTAN, posait d'insurmontables chicaneries diplomatiques de prérogative !

Cependant, toutes les opérations pilotées par des réseaux terroristes, depuis Londres ou Paris, indisposaient au plus au point le Pentagone US qui ne manquait jamais d'exiger des comptes ; sur ce point, le laxisme inconcevable de l'Angleterre et de la France frisait la complaisance et ces pays souffraient internationalement d'une réputation exécrable et des plus déplorables.

En sa qualité d'informateur et d'observateur, l'inspecteur Ottari était bien placé pour le savoir ! Pourtant de façon regrettable, la majorité de ses compatriotes n'en avait nullement conscience ; d'autant plus que leurs propres dirigeants les encourageaient à participer à des manifestations anti-américaines ; comme ce fut le cas à l'occasion du conflit irakien. Jusqu'au jour où, défilant au cœur de la capitale parisienne, plusieurs manifestants commencèrent à brandir des drapeaux à la gloire de Saddam Hussein… Une autre façon de vérifier l'adage : « À force de cracher en l'air, ça vous retombe dessus ! ».

Les comportements démagogiques et irresponsables, proches de la niaiserie, irritaient Paolo au plus haut point !

Face aux obscurantismes moyenâgeux véhiculés par nombre d'idéologies politiques ou religieuses intégristes, dont les suffixes en « isme » ne manquent pas, les dirigeants de certains pays européens et leurs complaisants médias feraient bien de rappeler à leurs propres concitoyens que l'on ne juge un arbre qu'à ses seuls fruits, notamment en posant publiquement la question à tous leurs ayatollahs moralisateurs : Où sont donc vos fruits ? Quid de la récolte des bénéfices de votre credo, c'est-à-dire de votre labeur et de vos recherches ? Quels progrès notables avez-vous apporté à l'humanité ? Si ce n'est le totalitarisme, l'extermination des élites, l'émigration de la population active, l'exécution arbitraire d'opposants, la peur, la famine, la misère, la guerre ou le terrorisme !

Aux farouches combattants de l'économie de marché, des biens d'équipement, du commerce mondial rebaptisé par leurs soins « mondialisme », il ne serait pas inutile de leur poser la question : quelles alternatives sérieuses proposez-vous pour améliorer véritablement le sort de l'humanité ?

Chapitre Huit

Avisant qu'il ne lui servait à rien de revenir à St Cyprien, ne détenant pas la clé de la maison, il se dirigea vers les paillotes du bar de la plage, traversa le luxuriant jardin lui faisant face, puis l'immense terrasse en teck, exhibant honteusement son piteux état à quelques touristes...

Lorsqu'il pénétra dans le somptueux hall, tel un clochard repoussant, en laissant derrière lui quelques traces douteuses sur le sol, la réceptionniste se précipita à sa rencontre en fronçant les sourcils, avec l'intention non dissimulée de le prier de bien vouloir déguerpir au plus vite :

– Monsieur, monsieur... l'hôtel est déjà complet !

La présentation de son ancien badge de commissaire principal du SRPJ de Marseille freina son élan :

– Il s'agit Mademoiselle d'un problème urgent !

– Oui, je vois... veuillez m'excuser, un de vos collègues est déjà passé avant vous...

– Ah bon ! Mais lequel s'il vous plaît ?

– Un instant... euh... un certain Monsieur Sireton, Sidney Sireton exactement.

Stupéfait, Paolo resta un moment déconcerté…

– Hum, son nom ne me dit rien ! Pourriez-vous me le décrire ?

– Oui, un grand blond, assez costaud, la quarantaine environ, avec un fort accent américain…

– Ah oui, oui, je vois !

Ce que Paolo voyait en réalité, c'est que quelqu'un avait usurpé l'identité de Sidney Sireton !

– Vous a-t-il demandé quelque chose en particulier ?

– Oui ! Il m'a montré une photo en me demandant si j'avais vu cette personne dernièrement ; je pense qu'il s'agissait de vous ! Euh… si vous me permettez, en plus présentable, bien sûr !

– Bon, bon, passons ! Rien d'autre ?

– Non, il m'a juste dit qu'il repasserait.

– Merci mademoiselle ! Je souhaiterais donc une chambre avec un téléphone, de quoi manger, un nécessaire de toilette, et le service de blanchisserie afin de faire nettoyer mes vêtements.

– Il me reste une chambre double, et pour le reste je m'occupe de tout, je vous verrai bientôt ! lui répondit-elle avec un sourire des plus prometteurs ; pour la première fois Paolo réalisa que la jeune femme était non seulement belle, mais indubitablement charmante et séduisante !

Paolo se déshabilla et se fit couler un bain dans lequel il se plongea aussitôt avec délectation :

– Quelle paix enfin, surtout ne plus penser à rien !

Afin de se détendre, il resta presque une heure à barboter dans l'eau chaude, l'esprit vide. N'ayant plus de quoi se rhabiller, il attacha une énorme serviette de bain autour de sa taille, puis alla se servir un scotch dans le bar.

Il s'apprêtait à consulter son carnet d'adresse humide, à la recherche du numéro de téléphone de Francine, lorsqu'on frappa à la porte de sa chambre.

– Oui, oui ! Entrez !

Sur le pas de la porte, la jeune réceptionniste chargée d'un plateau arbora un sourire avenant :

– Votre dîner Paolo !

Amusé par son accent à la familiarité quelque peu insolente, Paolo ne la reprit cependant pas.

Lui souhaitant bon appétit, elle entra déposer le plateau sur la table basse, entraînant dans son sillage les subtiles fragrances de son parfum ; elle s'était changée pour une tenue plus légère !

– Je ne me suis pas présentée, je me prénomme Marina !

– Marina ! reprit-il, décidément pas au bout de ses surprises aujourd'hui…

– Pourquoi, vous n'aimez pas Marina ? Questionna-t-elle ingénue…

– Pas encore, mais je ne l'exclus toutefois pas pour autant !

Marina éclata de rire, mais n'émit aucune objection concernant l'ambiguïté de sa réponse :

– Mais vous êtes blessé dans le dos, vous saignez ! Attendez-moi, je vais vous arranger cela…

Elle revint de la salle de bain avec un linge de toilette humide qu'elle appliqua délicatement ; les muscles de son dos musclé tressaillirent sous l'effet des picotements, la faisant frissonner ! Elle sentit fondre son intimité, déjà prête à recevoir cet homme au plus profond de son ventre, et comprit à cet instant même, que si elle devait avoir un enfant, ce serait avec cet homme.

– Je vous ai apporté une bouteille de champagne pour vous remonter.

– Je ne sais comment vous remercier, Marina.

– J'ai envie de vous !

Littéralement suffoqué par une telle assurance, qui avait le mérite d'être on ne peut plus directe, Paolo ne le montra pas ; il savait tout l'avantage qu'il pouvait tirer des avances d'une femme.

– Plus rebutée par le clochard ?

– Épargnez-moi Paolo, j'ai honte !

– Alors d'où vous vient cette envie ?

– Vous me faites penser… à mon père !

– Tentée par une expérience incestueuse ?

– Paolo, vous n'êtes justement PAS mon père !

Sa logique féminine, sans appel, lui fit admettre qu'il n'aurait certainement pas le dernier mot, face à cette brune attrayante et pétillante qui pourrait être sa fille, il baissa légèrement la garde, elle passa alors ses bras autour de son torse puissant et se blottit tendrement tout contre lui…

En signe d'accord, il resta immobile quelques secondes :

– J'ai d'abord un coup de fil urgent à passer, pourriez-vous ouvrir la bouteille de champagne ?

Paolo composa le numéro de son amie Francine dont le téléphone resta désespérément muet, malgré plusieurs tentatives ; à son expression emprunte de gravité, Marina perçut son désarroi :

– Les ennuis continuent ?

– Oui, j'en ai bien peur !

– Votre petite amie… ?

– Petite curieuse ! Mais comment le savez-vous ?

– Vous venez de l'avouer et à cette heure un homme ne se fait du souci que pour une femme.

– Je ne veux en rien me mêler de ce qui ne me regarde pas, mais dans l'immédiat, lâchez prise ! Avec ou sans nous, les choses finissent toujours par s'arranger, c'est vrai le plus souvent mal…

– J'admire votre optimisme débordant !

En guise de réplique, elle se contenta en souriant de lui tendre une flûte pleine de champagne :

– À notre santé ! Lança-t-elle en choquant le cristal…

– À votre santé, Marina, vous êtes… « too much » !

– J'aimerais dîner avec vous. Vous m'acceptez ?

– Comment pourrais-je refuser ? Ai-je le choix ?

– En vérité, non ! Lui asséna-t-elle, rieuse, en déposant d'autorité un furtif baiser sur ses lèvres.

S'emparant de son verre, qu'elle déposa sur la table, Marina l'entraîna vers le lit sur lequel elle se renversa jambes écartées, puis l'attira sur elle ; Paolo se laissa faire, remonta la main entre ses cuisses entrouvertes, écarta le mini-slip et la pénétra ; elle émit un gémissement de plaisir, aussitôt suivi d'un violent orgasme ; n'y tenant plus, Paolo se répandit abondamment en elle…

Bien que stupéfait par le libertinage affiché et l'impudicité de cette magnifique jeune femme, assez peu habitué à se faire littéralement violer de la sorte, il ne la désira que plus ardemment !

La déshabillant, il découvrit la courbe sublime de son anatomie et la fermeté de son corps offert à la concupiscence de ses yeux, à l'avidité de ses mains, de sa bouche et de son ventre. Ils s'aimèrent longuement ; puis comblés et heureux, dînèrent comme deux jeunes amoureux.

Avant de se séparer pour la nuit, Marina lui proposa de l'informer des confidences qu'elle pourrait discrètement glaner au cours de conversations dérobées ça et là et des allers et venues de l'hôtel. Paolo s'était fait une nouvelle amie et alliée qui, en la circonstance, n'était pas de trop. Mais malgré tout, compte tenu des risques, dorénavant la nature de leur relation devrait rester strictement secrète…

L'existence se résumait-elle à une interminable alternance de rêves et de cauchemars successifs ? s'interrogea Paolo.

La scandaleuse orgie sexuelle qu'il venait de vivre aujourd'hui n'était guère dans ses habitudes ; en réalité, il sortait à peine d'une longue et parfois douloureuse phase d'abstinence complète ; insupportablement celle-ci s'était éternisée pendant un peu plus de sept années consécutives.

Jamais il n'aurait pu imaginer, une seule seconde, devoir vivre une telle journée de débauche ; et il se prit à espérer qu'il n'aurait pas, comme au théâtre, à en payer un jour « La Facture » ! Terrassé par la fatigue accumulée, il s'écroula sur le lit et plongea dans un profond sommeil…

…

Elle s'adressa à lui d'une voix à la fois douce et familière :

– « Que fais-tu Paolo ? Ne vas pas encore une nouvelle fois te sauver de la citerne… pour te jeter dans le puits ! »

…

Mais qui est-Elle ? Paolo se réveilla soudain en sueur, fortement troublé par son rêve onirique, se sentant bien incapable de mettre un nom sur la mystérieuse créature venue hanter sa nuit ; symbolisait-elle toutes les femmes à elle seule : la mythique Marine, Francine et Marina,… ?

Il décida d'oublier son inquiétante obsession ; d'ailleurs il faisait jour, dehors le soleil brillait ; il pianota fébrilement sur le téléphone en priant le ciel afin qu'il lui permette d'entendre la voix de Francine au bout du fil ; de fait, son vœu fut exaucé : elle décrocha à la troisième sonnerie…

– Bonjour Francine, c'est Paolo ! Je n'ai pas réussi à te joindre hier soir…

– Oui Paolo, n'ayant pas de nouvelles, j'ai appelé sur ton portable, sans succès.

– Mon portable est hors d'usage, mon retour s'est avéré… plus difficile que prévu.

– Quoi ! J'espère qu'il ne t'est rien arrivé de grave au moins ? Dis-moi la vérité !

– Écoute Francine ! Il s'agit de Sidney qui a disparu, pour le reste, il faut que je te voie.

– Oh merde alors ! Cette fois Paolo, c'est vraiment sérieux, tu m'inquiètes énormément !

– Oui, bon ! Je suis retourné à la villa du Général hier soir, mais il n'y avait plus personne.

– D'où m'appelles-tu, as-tu besoin d'aide, souhaites-tu que je vienne te rejoindre au plus vite ?

– Non ! Je t'appelle de là où nous nous sommes connus, bibliquement, pour la première fois !

– Cavok[17] ! Je n'ai absolument rien oublié cher Paolo : ni le lieu, ni la date… ni même l'heure !

– Francine, je dois me rendre sur place aujourd'hui même, je partirai d'ici trois-quarts d'heure environ.

– Récupère la carte SIM de ton portable, je possède au moins deux téléphones inutilisés !

– Je souhaite rencontrer à nouveau le Général, peux-tu te charger de le prévenir ?

– Oui, bien sûr ! Toutefois en ce qui te concerne, sois doublement prudent Paolo.

– À bientôt, Francine !

–…

Marina avait pris soin de le débarrasser de ses vêtements sales ; dans l'attente de leur livraison, il appela la réception afin de commander un solide petit-déjeuner complété d'œufs au bacon :

17. Cavok est un terme aéronautique, acronyme de « Ceiling And Visibility O.K. ».

– Ici la réception, Marina à votre service, je vous écoute…

– Bonjour Marina ! Avez-vous fait de beaux rêves dans les bras de Morphée[18] ?

– Oui, Paolo ! Cependant, j'aurais préféré de beaucoup rêver… dans les vôtres !

– Cette perspective ne me déplairait pas ; ce n'est que partie remise Marina.

– À propos, j'ai quelques nouvelles à vous apprendre… pas au téléphone !

– Ok Marina ! Je dois impérativement partir dans moins d'une heure.

– Ah ! D'accord…

– Il me faut récupérer mes vêtements et… pour le petit-déjeuner ?

– Laissez-moi faire, je m'occupe de vous tout de suite. À bientôt…

– Marina ! Vous êtes vraiment une merveilleuse petite fée !

À peine avait-il raccroché, que le service blanchisserie vint lui livrer ses affaires de la veille, impeccablement nettoyées et repassées cette fois, ce qui le réconforta tout de même un peu.

---

18. Dans la mythologie grecque, Morphée est le fils d'Hypnos (le Sommeil) et de Nyx (la Nuit). Son rôle est d'endormir les mortels en se transformant en êtres chers (d'où son nom du grec « morphè » signifiant « forme » et à l'origine du mot morphine), pour leur permettre l'espace d'un instant de s'extraire des machinations des dieux. Il est représenté avec des ailes battant rapidement et silencieusement, qui lui permettent de voler. Il fut foudroyé par Zeus pour avoir communiqué des secrets aux mortels.

Il sortait tout juste de sa douche, allongé sur le lit les mains derrière la tête pour mieux réfléchir, lorsqu'il entendit une clef tourner subrepticement dans la serrure ; la porte s'ouvrit à la volée !

– Bonjour !

Marina lui apparut les bras chargés d'un gargantuesque petit-déjeuner !

– Ne vous réjouissez pas trop vite… c'est pour nous deux.

Presque d'un seul mouvement, elle déposa le lourd plateau et fit voler sa robe par-dessus tête, puis elle vint dans la foulée s'allonger lascivement contre le corps sans défense de son amant ; il lui enserra énergiquement les fesses, la pressant intimement contre lui, cuisses entrouvertes, effleurant de l'extrémité de son sexe ses petites lèvres palpitantes du désir de la pénétration.

Il s'enfonça alors lentement en elle et sentit autour de son membre la contraction spasmodique de la vulve, acceptant et refusant tour à tour l'irrésistible progression du phallus qui l'ouvrait ; elle se cambra soudain vers lui, désormais soumise, implorant le viol intégral de son intimité…

Lorsqu'elle reçut au plus profond d'elle les puissants jets de semence de son amant, haletante, suffoquant de jouissance, elle ne put malgré elle retenir une succession de cris primitifs, bientôt suivis de longs gémissements, puis fut soudainement prise de tremblements convulsifs.

Paolo ressentit les larmes de Marina lui couler dans le cou, mais il comprit aussitôt qu'il ne s'agissait nullement d'une réaction de tristesse, mais bien celles d'une prodigieuse émotion. Afin de l'apaiser, il entreprit de la caresser tendrement, à son tour ému par l'ineffable douceur de sa peau et la jeunesse de ce corps totalement abandonné à la convoitise de ses mains expertes.

Elle voulait s'offrir intégralement et tout recevoir de cet homme qui avait l'âge de son père, s'ouvrir toujours plus profondément à celui qui symbolisait la force, la sécurité et la sérénité.

Le chevauchant à califourchon en lui tournant le dos, elle s'empala d'elle-même sur son sexe et, prenant appui sur ses mains, les reins cambrés en arrière, elle exécuta de lents va-et-vient.

Éprouvant une irrésistible envie de la posséder jusqu'au bout, il la bascula soudain sur le ventre ; alors qu'il la pénétrait inexorablement, elle poussa une longue plainte de douleur et de plaisir ; à nouveau surpris par la violence de son orgasme, il se répandit à profusion entre ses reins !

...

– Paolo, j'ai pu identifier avec certitude l'imposteur d'hier soir.

– Bravo ! De qui s'agit-il et comment avez-vous fait pour y parvenir ?

– Il s'agit de Bart Eagle, un ressortissant américain, plus précisément originaire du Minnesota, qui, depuis un ou deux mois, est venu à plusieurs reprises au bar et au restaurant de l'hôtel. Lorsqu'il le faut... les cartes de paiement peuvent parfois s'avérer suffisamment indiscrètes.

– Excellent Marina, vous devenez un redoutable détective ! Mais je me vois dans l'obligation de vous rappeler que, sans plus de discrétion, vous prenez de grands risques à me fréquenter.

– Paolo, pour moi le seul véritable risque serait de laisser passer l'opportunité de vous aimer.

– « Si tu n'es pas vraiment l'amour, tu y ressembles ! »... ne put-il s'empêcher de chantonner.

– Le reste m'indiffère dorénavant. En prenant de très gros risques durant plusieurs années, j'ai appris à côtoyer et évaluer beaucoup de dangers, et par la même occasion à les maîtriser.

– Mon dieu ! Seriez-vous une aventurière ?

– En quelque sorte, mais pas précisément !

...

Chapitre Neuf

En l'absence du Général Pedro Samovar, dont la vigilance tendait à s'émousser au fil des années, ce n'était guère la première fois que Kevin fouillait, sans le moindre état d'âme, dans l'imposante bibliothèque qui protégeait l'ensemble des archives confidentielles de son patron ; une salle habituellement fermée à clé, certes, mais dont il détenait pourtant depuis longtemps le double.

Le majordome du Général y fouinait le plus souvent par désœuvrement, ou encore par simple esprit de curiosité ; avide de révélations surprenantes, tantôt croustillantes, tantôt inquiétantes ou alarmantes, concernant des affaires, des événements ou des personnalités du monde entier, une manière infantile de briller en société en se faisant valoir.

Moins souvent il est vrai, il l'explorait méticuleusement, à la recherche de dossiers, cette fois, beaucoup plus précis. La grosse photocopieuse trônant au centre de la pièce lui facilitait grandement la tâche afin d'extraire les documents les plus intéressants et cela sans courir le moindre risque ; par exemple, ceux susceptibles de le concerner lui-même, ou ceux lui permettant de distiller quelques notes secrètes ; moins fréquemment il est vrai, ceux spécialement destinés à renseigner certaines personnes de son entourage proche ; comme il venait de le faire à la demande de son sauveur. L'énorme dette de jeu contractée envers le Baron Heinrich Von Kartoffel et surtout les quinze mille dollars épongés par son grand ami, le fidèle et dévoué Aziz Ben'Kassine, lui interdisait moralement de pratiquer autrement.

La correspondance du Général l'intéressait au plus haut point, non pas son courrier qu'il ne pouvait décacheter avec suffisamment de discrétion, mais bien plutôt les mails de sa messagerie électronique dont il connaissait par cœur les codes d'accès ; en particulier celui du dossier d'archivage servant à mémoriser les plus importants…

Il réveilla le computer jusqu'alors en état de veille ; et bien qu'il se mît aussitôt à protester en émettant une série de borborygmes sonores, celui-ci n'en illumina pas moins son immense écran LCD de 19" d'une lumière azurée du plus bel effet, puis lui réclama l'autorisation d'accès général :

– Quelle plaisanterie ! s'exclama Kevin en introduisant le code d'accès du Général « PS_11051945 » : bien trop facile à décrypter « Pedro Samovar né le 11 mai 1945 » !

Les quelques mails déjà ouverts, de simples invitations et des rendez-vous, ne présentaient pas d'intérêt particulier ; mais dans la boîte de réception son attention fut attirée par le message en attente de lecture : francine@baissett.com.

Sa curiosité maladive, et mêlée d'une sourde inquiétude, eut vite raison de ses scrupules passablement émoussés, et lorsqu'il finit par l'ouvrir, son sang ne fit qu'un tour :

– CONFIDENTIEL Destinataire Général Pedro Samovar
– Pourriez-vous m'accorder un entretien d'extrême urgence à

propos de votre majordome Kevin Layamon au sujet duquel nous disposons d'éléments nouveaux et alarmants !

C'est précisément ce qu'il redoutait ! Francine Baissett devait déjà être au courant de ses difficultés financières avec le Baron Heinrich Von Kartoffel et des relations plutôt troubles qu'il entretenait depuis avec son ami Aziz. De surcroît, informée à coup sûr par Bart Eagle, elle n'ignorait certainement pas sa mise à pied de l'US Navy à la suite de la dénonciation de ses multiples indélicatesses concernant des mails « ultra confidentiel », ou encore ceux classés « secret défense », adressés à ses supérieurs…

Par instinct de survie, il détruisit définitivement le mail ; mais se sachant découvert et irrémédiablement perdu, Kevin envisagea l'éventualité… de mettre fin à ses jours.

À cet instant même, la sonnerie du téléphone retentit…

*

*   *

Francine mit fin à sa conversation avec Paolo et raccrocha le combiné ; inquiète certes, mais heureuse de devoir le retrouver de sitôt ; malgré la gravité de la situation, elle imaginait qu'elle disposerait sans doute d'assez de temps pour lui arracher une courte pause, à ses yeux nettement plus romantique, et voire même davantage, si affinité !

L'idée de lui permettre d'abuser d'elle librement l'excitait au plus haut point. S'imaginant entravée nue sur le lit, offerte à la morsure du fouet ; à cette évocation perverse, elle se sentit fondre, prête à l'accueillir au plus profond de son ventre. Dominée par le désir impérieux de cet homme, une irrépressible frustration l'envahit soudain…

Ni tenant plus, elle s'allongea sur le divan en glissant une main entre ses jambes et se caressa, ruisselante, laissant venir l'orgasme libérateur, alors seul capable d'apaiser l'insupportable tension ; cambrant son pubis vers le ciel en hurlant de plaisir, elle crispa les cuisses autour de la main.

En ôtant son slip détrempé, elle eut honte de s'être laissée abuser par sa jouissance solitaire ; telle une gamine en faute, elle s'empressa d'aller cacher le témoin de ses prolifiques humeurs…

L'urgence du devoir la rappelant à l'ordre, elle se dirigea, encore nue, vers le téléphone blanc !

Peu après avoir composé le numéro du Général Samovar, la voix du majordome lui répondit :

…

– Kevin, je vous écoute !

– Francine Baissett à l'appareil.

– Ah, bonjour ! Que puis-je pour vous ?

– Paolo Ottari souhaite rencontrer le Général.

– Bien sûr mademoiselle, à quelle date précisément ?

– Aujourd'hui même Kevin, il s'agit d'un cas d'urgence.

– Ce serait volontiers Mademoiselle, toutefois le Général est absent aujourd'hui.

– Pourriez-vous le joindre afin qu'il me rappelle dès que possible ?

– Mais bien sûr Mademoiselle, comptez sur moi, je ferais le nécessaire.

– Compte tenu de la situation, je vous en saurai gré, merci d'avance Kevin.

– Au revoir chère Mademoiselle…

« Au revoir chère Mademoiselle ! » répéta-t-elle agacée après avoir raccroché le combiné.

Le ton excessivement obséquieux du domestique ne lui inspirant qu'un sentiment mitigé de sincérité, un doute s'infiltra insidieusement dans l'esprit de Francine :

– Pouvait-elle encore lui accorder la moindre confiance ?

Oubliant ses déplaisantes pensées, afin de dépanner Paolo comme elle le lui avait promis ce matin, elle alla récupérer un vieux téléphone portable et ses différents accessoires, puis les déposa sur la table du salon.

En attendant, elle acheva de se dévêtir, enfila son maillot de bain et se dirigea vers la piscine ; revenant sur ses pas, le sourire aux lèvres, elle entreprit alors de confectionner artisanalement un fouet symbolique à l'aide de brins de ficelle sisal qu'elle noua entre eux à leur extrémité. Voulant en éprouver l'efficacité, elle frappa une première fois le cuir du divan, légèrement, puis une seconde fois avec plus de vigueur ; satisfaite du résultat, elle l'emporta sous son bras…

Comment Paolo réagirait-il à ce qu'elle considérait alors comme une amusante provocation de gamine espiègle ? Oserait-il s'en servir ? Ne serait-ce que symboliquement ! Et peut-être même, sait-on jamais, se prendrait-il au jeu… Si tel était le cas, elle décida qu'elle ne s'y opposerait pas ; après tout, pourquoi ne ferait-elle pas partager son trivial fantasme avec le seul homme qu'elle aimait vraiment ?

…

Espérant sa venue, elle dégrafa son haut et s'étendit sur le matelas de mousse, le dos au soleil, heureuse de profiter de cette magnifique journée ensoleillée et chargée des promesses à venir : « Celui qui se perd dans sa passion a moins perdu que celui qui perd sa passion. » – St Augustin.

*

*   *

Le scanner de Bart Eagle se mit à vibrer en modulant une série de « bips » discrets, l'avertissant ainsi du démarrage automatique d'un enregistrement téléphonique susceptible de le concerner…

Le dégageant aussitôt de sa poche, il consulta le message affiché sur le petit écran « Important priority recording ! ».

Le niveau prioritaire de l'écoute téléphonique en cours l'incita à enfoncer la touche « LISTEN » lui permettant d'entendre la conversation ; il reconnut immédiatement la voix de Kevin s'adressant à un correspondant anonyme, au timbre de sa voix, assurément d'origine étrangère…

…

– C'est à propos de Francine Baissett, elle est devenue très dangereuse.

– Oui, oui !

– Tout est allé beaucoup trop vite, il faut s'en occuper sans plus tarder.

– Votre désir est un ordre ; cela ne prendra qu'une petite demi-heure.

– Parfait cher ami, vraiment parfait ! Alors à très bientôt… je l'espère !

– Mon ami, faites-moi confiance, vous ne serez pas déçu ! Au revoir !

…

– « Shit ! » hurla-t-il !

Le sang de Bart ne fit qu'un tour, il se précipita comme un fou vers sa voiture : dans moins d'une demi-heure, à cause de ces ordures sans scrupule, la vie de Francine risquait à tout jamais de basculer vers l'inconnu.

Chapitre Dix

Depuis déjà un long moment, abrité derrière la haie d'ajoncs, l'homme observait sa victime ; tuer de sang-froid était devenu pour lui une seconde nature, et c'est pour cela qu'on le payait ; faire souffrir décuplait son plaisir et sa cruauté n'avait d'égale que son abjection maladive des femmes.

Il s'approcha, prêt à accomplir son horrible besogne et faillit jurer en accrochant sa djellaba ; cet incident imprévu vint modifier sa décision d'égorger sa victime avec la rapidité de l'éclair, octroyer simplement la mort, sans jouir d'aucune autre contrepartie, lui apparut soudain injuste.

Faire souffrir quelqu'un, puis lui ôter la vie, lui procurait certes un immense plaisir, néanmoins il n'allait pas refuser une si belle opportunité de se satisfaire physiquement :

– Après tout, personne ne le voyait ! Le travail accompli, on ne lui demanderait pas de compte, Dieu lui-même, ne pouvait pas lui reprocher d'assouvir ses envies avec cette créature impure ; il lui faudrait, bien au contraire, sans aucun état d'âme, exécuter cet acte hautement salutaire.

Tel un félin progressant vers sa proie, il vint prestement s'asseoir à califourchon sur son dos en lui relevant la tête en arrière ; d'un même geste, il plaqua une main sur ses yeux et glissa l'autre sous sa gorge afin de comprimer les artères du cou ; prêt à lui briser les vertèbres cervicales !

– Paolo, tu me fais mal !

– Chuuuttt… Chuuuttt !

Sans qu'elle puisse en prendre conscience, Francine plongea presque aussitôt dans le noir ; mais il maintint, quelques instants encore, les carotides sous la délicate pression de ses doigts…

Après lui avoir ôté le bas de son maillot, il contempla tranquillement la chair désormais en sa possession ; fasciné par la volupté sensuelle du corps, il accentua plus encore l'ouverture des jambes. Lui ramenant les mains en arrière, il enfila et remonta le mini-slip le long des bras ; puis lui entrava les poignets à l'aide de son soutien-gorge.

Satisfait, il traîna alors le matelas jusqu'au bord de l'eau.

Se saisissant du fouet, qu'elle venait de se confectionner, il lui flagella impitoyablement les fesses, et la tendresse de la chair impudiquement entrouverte…

Elle commença confusément à souhaiter la caresse répétée du fouet ; son plaisir s'amplifia sous la cuisante morsure des lanières cinglant entre ses cuisses, elle se mit à gémir. Elle aurait aimé s'offrir longuement aux brûlants sévices de celui qu'elle croyait être son amant :

– Oui Paolo, oui ! gémissait-elle ; néanmoins aucun son ne sortait de sa bouche…

La jugeant assez mûre pour l'assouvissement de sa double jouissance, il se dévêtit à son tour, la folle lubricité de son regard reflétant les terrifiantes pulsions de sa convoitise barbare ; il s'agenouilla entre les jambes et soulevant les hanches, il propulsa le corps par-dessus bord…

Elle bascula tête la première dans l'eau de la piscine, repliée à la taille, les mains entravées, les cuisses grandes ouvertes, les fesses fermement plaquées contre le bas-ventre de l'homme ! La vision réduite uniquement à la seule croupe, anonymement offerte, sans âme et sans corps, encore pleine de vie, mais destinée à être sacrifiée pour son seul plaisir, le rendit fou de désir ; pénétrant l'ouverture, il remplit le calice palpitant du flot abondant de sa diabolique semence !

Elle fut réveillée au contact de l'eau et du membre qui la violentait sans aucun ménagement ; prise alors de panique, folle d'angoisse, elle se contorsionna et tenta en vain de se débattre : contrainte, dominée, écartelée, forcée, entravée et maîtrisée comme un vulgaire trophée de chasse !

L'antérieur de ses cuisses prenant appui sous les bras de l'homme, elle essaya plusieurs fois de se redresser à la force de ses reins, resserrant involontairement ses muscles autour du « Priape » ; il l'encourageait d'abord, les sens exacerbés, puis la relâchait ensuite en élevant les coudes, les yeux rivés sur l'ardente amphore de chair vibrante et comme animée d'une vie autonome.

Pareillement à un rêve étrange, elle finit alors par lâcher prise, acceptant sa double inondation, l'une aux tréfonds de sa gorge et ses poumons, l'autre au plus profond de son ventre affamé ; sous l'explosion fulgurante du plaisir orgasmique, elle fut secouée d'une violente convulsion…

Manquant de perdre l'équilibre, il assura plus fermement sa prise afin de pouvoir savourer les contractions de la vulve épousant étroitement son phallus ; il resta ainsi jusqu'à l'extinction des pulsations organiques intimes, ultimes spasmes fusionnels de la jouissance et de l'agonie.

– Sale putain ! Éructa-il en crachant, laissant la croupe s'engloutir dans l'eau de la piscine.

Devant un tel mépris de la vie humaine, la divine récompense ne tarda guère à se manifester, il n'entendit pas la sourde détonation et s'effondra soudainement, foudroyé par le feu du ciel !

L'ultime et très décevante vision des « 101 Dalmatiens » dépita beaucoup Aziz Ben'Kassine…

D'un coup, Bart Eagle venait de faire mouche, en pleine tête, mettant un terme à l'insupportable spectacle :

– Oh, my God ! It's not possible ! cria-t-il, submergé de dégoût devant l'immonde sauvagerie de cet acte barbare.

– Shit…Shit… Son of a bitch !

Tout en rengainant son revolver fumant, il se rua au secours de Francine, animé du fol espoir qu'il n'était peut-être pas trop tard pour la sauver ; le corps flottait encore à la surface de l'eau, ce qui selon lui était plutôt bon signe ; ses poumons ne devaient pas être entièrement envahis…

L'attrapant sous les aisselles, il n'eut aucun mal à la sortir de l'eau et l'allonger sur le dos ; hâtivement, il dénoua ses liens et fit le nécessaire pour lui rendre un peu de dignité.

Bart constata avec horreur que Francine ne respirait plus, malheureusement, son cœur s'était déjà arrêté de battre.

Pris d'une effroyable colère, il se ressaisit presque aussitôt et malgré les rigoureuses consignes du NSA, jura coûte que coûte d'arracher cette sublime femme à la mort... réservant sa vengeance à plus tard.

Le teint cyanosé et en état d'anoxie cérébrale, elle présentait tous les symptômes du coma ; par chance avant de prendre du service au sein du NSA, Bart qui venait d'achever ses études de médecine avec succès, commençait à entamer une formation de spécialiste en cardiologie : après lui avoir relevé le menton, en veillant à ce que sa langue n'obstrue pas sa respiration, sans attendre, il commença aussitôt à pratiquer une vigoureuse réanimation cardio-vasculaire...

Il réalisa quinze compressions sur la moitié inférieure de son sternum, rejeta sa tête en arrière, éleva son menton et lui fit deux insufflations tout en surveillant le gonflement de sa poitrine ; puis replaçant sans délai la paume de ses mains sur le sternum, il réalisa une nouvelle série de compressions sur sa poitrine. Il persévéra longtemps, alternant compressions et insufflations, au rythme rapide d'environ cent compressions pour dix insufflations efficaces chaque minute.

Il s'interrompait parfois quelques secondes pour détecter l'existence de signes de circulation tels que l'apparition de sa toux, les mouvements de son corps, ou la reprise de sa respiration...

Contre toute attente, il enregistra les pulsations du cœur de Francine qui s'était remis à battre, elle inspira, puis expira en recrachant d'un seul coup les eaux accumulées dans ses poumons ; il installa alors Francine dans la position latérale dite « de sécurité » et surveilla sa respiration.

Épuisé par le stress et les efforts qu'il venait de fournir, il fut soulagé de constater que son état se stabilisait au fil du temps : sa respiration devenait profonde et régulière, son pouls normal ; a priori, elle était assurément sauvée, néanmoins, elle ne reprenait toujours pas connaissance.

Ne pouvant rester là plus longtemps, il alla chercher une couverture et la recouvrit avec soin ; puis revenant sur ses pas, il décrocha le téléphone fixe du salon et composa le 04.95.51.60.00, le numéro des urgences du SAMU d'Ajaccio, plus direct que le 112[19], afin de faire procéder à l'évacuation médicale héliportée de Francine :

– …

– Service d'aide médicale d'urgence d'Ajaccio !

– Je vous appelle de « La Maousie », le domicile de Madame Baissett à Cavallo.

– C'est bien noté, Madame Baissett, « La Maousie » à Cavallo, je vous écoute !

– L'état grave de cette femme nécessite son hospitalisation de toute d'urgence.

– Oui, vous êtes Monsieur ?

– Docteur Paolo Ottari, spécialiste en cardiologie !

– Pourriez-vous me donner son prénom et son âge, s'il vous plaît ?

– Francine ! Je ne connais pas son âge exact, la quarantaine je crois…

– De quoi souffre votre patiente ?

---

19. Souvenez-vous que le 112 est le numéro européen d'appel prioritaire à l'ensemble des services d'urgence !

– Il s'agit d'un coma avancé consécutif à une hydrocution avec inhalation d'eau.

– Bien Docteur, nous serons là d'ici un quart d'heure… vingt minutes maximum !

– Faites vite, merci !

– …

Bart Eagle commençait à s'inquiéter, le temps passait et il lui fallait disparaître au plus vite ; enlever le corps de l'homme, puis effacer toutes traces de violence avant l'arrivée du français, non pas qu'il le considérait comme un adversaire ou un concurrent, mais par discrétion.

Par faiblesse, en s'accordant avec cette femme une nuit qu'il ne regrettait aucunement, certes, il savait qu'il avait sérieusement failli à sa mission en n'observant pas les consignes du NSA ; d'un seul coup, de manière imprévisible, cette histoire devenait incroyablement compliquée.

Pour le français, dont il connaissait l'attachement envers cette séduisante et lumineuse femme, les surprises allaient être de taille ; au-delà de l'inévitable souffrance qu'il lui faudrait endurer, que comprendrait-il et comment réagirait-il ? Fallait-il le soustraire à la monstrueuse réalité ?

Il ne souhaitait pas non plus lui cacher plus longtemps sa rencontre de la veille avec Sidney Sireton et ce soir-là, l'appel à l'aide précédant sa disparition. Le pire n'étant jamais décevant, il se sentait moralement tenu de l'informer du double jeu criminel mené par le majordome.

…

Deux grands sacs-poubelles suffirent à mettre le cadavre de l'assassin à l'abri des regards et remplir provisoirement le fond du coffre de son véhicule avant de servir d'appât aux requins. D'un dernier regard, il inspecta la piscine qui avait retrouvé son aspect habituel de sérénité ; désormais, personne ne pourrait se douter qu'elle venait d'être le théâtre d'atroces exactions !

L'impression générale de totale plénitude et d'absolue quiétude dégagée par « La Maousie », lui inspira, compte tenu de ce qu'il venait d'y vivre, une déplaisante sensation d'incongruité !

Bart Eagle cala son scanner indiscret sur la fréquence d'émission de l'hélicoptère du SAMU :

– …

– Nous avons un dossier au nom de Francine Baissett…

– Oui Sandrine, je t'écoute très attentivement ! Alors ?

– Concernant ses antécédents, rien de bien particulier !

– Yves ! Peux-tu noter la localisation géographique ?

– Inutile, je connais l'île Cavallo comme ma poche !

– Même l'emplacement de la villa « La Maousie » ?

– Francine a été l'une de mes élèves préférées !

– Ah bon ! Puis-je savoir dans quel domaine ?

– En pilotage d'hélicoptère… entre autre !

– Les hommes sont tous des salauds !

– Jalouse ? C'est plutôt flatteur !

– Ne rêve pas, macho boy !

– Hum… dommage !

– Le moment est venu de te montrer à la hauteur !

– J'y compte bien, j'ai la « La Maousie » en vue !

– Nous vous attendons, à bientôt, bye !

– À tout à l'heure Sandrine !

– …

La conversation volée rassura Bart ; la prise en charge de Francine ne posait pas de problème, elle serait rapidement évacuée vers le CHU d'Ajaccio, et si son état l'exigeait vers Marseille. L'extrême tension qui le tourmentait depuis son arrivée à « La Maousie » descendit d'un cran, il pouvait l'abandonner, l'esprit tranquille, il lui suffisait de la surveiller discrètement de loin.

Chapitre Onze

Il lui fallait avant tout récupérer sa valise, en priant le ciel que le gardien de la résidence Les Nacres accepte de lui ouvrir l'appartement de Sidney ; mais, en pareille circonstance, Paolo savait se montrer affable, ce qui dans la plupart des cas suffisait à lui ouvrir les portes !

La courtoisie et la diplomatie étaient chez lui une seconde nature et, le cas échéant, il excellait aussi dans l'art de la persuasion, rarement de la force, sauf lorsqu'on le menaçait d'une arme ! Son apparente bonhomie de « papy tranquille » trompant presque toujours ses agresseurs, même les plus aguerris se retrouvaient vite au tapis, sans comprendre ce qui leur était advenu.

Peu fréquentée, la route ensoleillée menant à Saint Cyprien lui permit d'admirer les contreforts de « L'Alta Rocca[20] », avec pour point de mire le sommet du « Monte Incudine », culminant à plus de 2 130 mètres et dont les

20. Située entre les golfes de Porto-Vecchio à l'Est et de Valinco à l'Ouest, « L'Alta Rocca » est une haute région montagneuse recouverte de forêts de chênes verts, de châtaigniers, et de pins…

aiguilles de Bavella, avec leur silhouette crénelée et leur couleur ocre, constituaient assurément l'un des sites montagneux les plus grandioses de la Corse.

Après quelques explications, le gardien mis en confiance, considérant que les amis de Sidney étaient tous les bienvenus, ne fit aucune difficulté pour lui permettre de récupérer ses affaires ; Paolo éprouva un réel soulagement à reprendre enfin possession de ses objets personnels.

À proximité de la plage, il décida d'aller reconnaître le théâtre de la disparition étrange de Jack D., au pied de l'antique tour génoise qui, 100 mètres plus haut, domine la baie de San Ciprianu. Le littoral corse est constellé de ces anciennes tours de guet et de défense, rondes ou carrées.

Espacées de cap en promontoires et de crêtes en pics, à portée de vue l'une de l'autre, plus de deux cents tours témoignent de ce qui fut de tout temps une nécessité pour les Corses : repousser les agressions, les intrusions de pirates maures ou barbaresques et les multiples invasions.

Les premières, édifiées par les Romains, et bien sûr les Corses eux-mêmes, furent détruites par les Sarrasins ; celles bâties par les Pisans, puis les Génois, surent mieux résister à l'épreuve du temps… et des canons !

Derrière les rochers de porphyre rouge, une petite crique abritait des voiliers au mouillage ; hormis les quelques estivants en quête de calme, l'endroit était en réalité assez peu fréquenté.

Sans pouvoir s'en expliquer les raisons, l'esprit de Paolo fut alerté par une étrange impression ; malgré tous ses efforts, il ne parvenait pas à décrypter l'intense signal que son subconscient venait d'enregistrer malgré lui.

Son intuition le trompant rarement, selon son expérience, il décida de lâcher prise mentalement et de remettre à plus tard la résolution de cette troublante énigme.

Il croisa une jeune femme qui marchait au bord de l'eau, courbée en deux, les yeux rivés sur le sable ; intrigué, Paolo n'arrivant pas à déterminer l'objet de sa recherche, se retourna vers elle :

– Bonjour Madame ! Que cherchez-vous précisément ; avez-vous perdu quelque chose de précieux ?

– Bonjour ! Voyez-vous cher Monsieur, j'essaye de trouver un « Œil de Sainte Lucie ».

– Pourriez-vous m'en dire davantage ?

– Il s'agit de l'opercule d'un mollusque, une espèce de bigorneau d'un genre particulier, puisque sa coquille n'est pas pointue comme la plupart des coquillages mais ronde.

Cet opercule à la forme admirable, fait de nacre orangée, a été baptisé « Œil de Sainte Lucie » par les pêcheurs de la Méditerranée qui le conservent comme un porte-bonheur, associé à la prospérité ou bien l'argent puisqu'ils le glissent dans leur porte-monnaie, leur tiroir-caisse, ou leur tirelire. Serti de métal, il se porte en boucles, pendentifs, bagues ou bracelets comme bijou protecteur, car dans tous les cas il éloignera le « mauvais œil » ! Voyez, en voici une dizaine, ramassés ici même ce mâtin ; d'ailleurs, regardez à vos pieds, en voilà encore un magnifique exemplaire.

– Effectivement, ils sont admirables… me conseillez-vous d'en conserver toujours un sur moi ?

– Incontestablement, ceux qui l'ont sont très heureux de le posséder et ne s'en séparent jamais ; en le portant, vous renforcerez votre confiance en vous et la foi en vos actes deviendra inébranlable. Par télépathie, tel un ange gardien, il vous invitera à caresser sa nacre du bout de vos doigts afin d'y trouver aide, force et soutien ; vous attirerez les événements heureux, vos pensées seront plus positives. Enfin par miracle ce petit truc de rien du tout peut exaucer bon nombre de vos souhaits.

– Cette Sainte Lucie aurait-elle perdu l'un de ses yeux ?

– Oui, et même les deux, en tout cas selon la légende[21] que voici ! répondit-elle en souriant :

La mère de Lucie souffrait d'une maladie incurable et lorsqu'elle fut guérie par miracle, Lucie distribua toutes ses richesses aux pauvres. Ce geste irrita alors son fiancé qui la dénonça comme étant une chrétienne convertie. Toutefois, le fiancé ne parvenant pas à oublier les beaux yeux adorables de Lucie, elle se les arracha et lui fit parvenir dans un plat. Après avoir subi d'horribles sévices, elle mourut finalement d'un coup de poignard au cou. Vénérée comme martyre en Sicile, Lucie protectrice de la vue, est aussi invoquée pour soigner les maux de gorge ! On la représente souvent portant un plat où

---

21. Selon la légende, Sainte Lucie (morte en 304 après J.-C.) a été martyrisée lors des persécutions de Dioclétien, à Catane en Sicile. Beaucoup d'anciens rites de feu et de lumière pratiqués lors de célébrations païennes de Noël, ont été associés à Sainte Lucie parce qu'avant la réforme calendaire sa fête se célébrait le jour du solstice d'hiver. Chez les Norvégiens et les Suédois, au matin du 13 décembre, la fille aînée, vêtue d'une robe blanche et coiffée d'une couronne de bougies, vient réveiller les membres de sa famille, en apportant un plateau du café et un pain tressé en forme de soleil. Ce pain est appelé une « Lucie safranée ». La fête de Sainte Lucie annonce ainsi aux démons de l'hiver que leur règne s'achève, que le soleil revient et que sa lumière vaincra bientôt les ténèbres !

reposent ses yeux, et tenant dans l'autre main, la palme des martyres !

– Il s'agit d'une bien cruelle histoire ! Enfin, je vous remercie de m'avoir permis de satisfaire ma curiosité et de plus, vous m'avez convaincu, je vais suivre votre conseil !

Courbé, le nez rivé au sable à la recherche du fameux coquillage du bonheur et de la réussite, Paolo entreprit sans succès d'arpenter le bord de l'eau pendant plusieurs centaines de mètres ; puis, il se releva douloureusement, frustré comme un gosse ne trouvant pas un œuf de Pâques. Son échec lui apparut alors comme de mauvais augure... Peut-être ne méritait-il pas encore l'œil de Sainte Lucie ! Par quel étrange pouvoir, lui semblait-il, la jeune femme pouvait-elle en dénicher aussi facilement ?

– Bon sang, déjà onze heures !

Avant de se rendre à Cavallo, il devenait urgent de repasser à l'hôtel ; puis d'aller effectuer le plein des réservoirs du zodiac en faisant la queue au petit port de plaisance de Porto-Vecchio ; une pénible opération qui, selon les circonstances, pouvait prendre d'une demi-heure à trois-quarts d'heure.

*

*   *

Lorsqu'il pénétra dans le hall du « Géant Hôtel », Marina avait déjà été remplacée à l'accueil ; pourtant en rentrant dans sa chambre, il la retrouva profondément endormie sous ses draps ; se déplaçant sur la pointe des pieds de crainte de la réveiller, il déposa sa valise avec précaution !

Dans son sommeil, Marina souriait aux anges, son pouce dans la bouche ! Attendri, Paolo la contempla longuement, puis tel Arsène Lupin, gentleman cambrioleur, il s'éclipsa subrepticement en refermant silencieusement la porte.

Se balançant au gré des flots, le gros zodiac ventru l'attendait bien sagement au bout de sa chaîne ; monstre paisible et rassurant, inlassablement prêt à accueillir ses passagers et à appareiller vers le grand large…

Beaucoup plus rapide que prévue, l'indispensable escale technique au port de Porto-Vecchio immobilisa le bateau moins d'une dizaine de minutes avant qu'il puisse reprendre à nouveau la mer. Compte tenu du trafic, Paolo navigua à vitesse réduite jusqu'à la pointe de la Chiappa, doubla le phare et le sémaphore du même nom marquant l'entrée du golfe et plus au sud le vaste domaine naturiste ; enfin il remit les gaz et le zodiac bondit dans une gerbe d'écume !

Il laissa à bâbord les quatre îlots rocheux des Cerbicale, aujourd'hui classés « réserve naturelle », et Palombaggia à tribord, dont la remarquable plage de sable blanc s'ouvrant sur une baie limpide et lumineuse, bordée de dunes, encadrée de roches rouges, et ombragée de pins parasols, est unanimement considérée comme l'une des principales merveilles littorales du sud Corse !

Un peu plus loin, tout au fond de la baie de Santa Giulia, dont l'anse azurée est percée en son centre de rochers, se détachait la paisible plage de sable d'un blanc immaculé aux eaux cristallines et de couleur turquoise.

Passé Porto Novo, la punta Sponsaglia et sa tour génoise, la baie semi-fermée de Rondinara en forme de coquille Saint-Jacques ourlée de sable fin, un lieu magique !

Contrastant avec le mauvais temps de la veille, de légers moutons irisaient une mer azurée de toutes les nuances de bleu ; malgré l'extrême gravité de la situation, le spectacle enchanteur de la côte ajouté à la griserie de la vitesse, plongèrent Paolo dans un état proche de l'euphorie : son étonnante capacité à pouvoir s'abstraire du contexte constituait l'un des traits importants de son caractère !

Il décida de visiter Francine avant de rencontrer le Général et de débarquer au plus près de la villa « La Maousie » !

Presque avant d'accoster, fort bruyamment, un hélicoptère jaune et rouge de la Sécurité Civile le survola à pleine vitesse en effectuant un virage serré à basse altitude juste au-dessus de l'eau ; tout dans sa manœuvre d'approche rapide, maîtrisée aux limites des capacités de la machine, trahissait l'extrême urgence de l'intervention en cours ; inexplicablement, Paolo se sentit alors concerné !

Il sonna à la grille restée grande ouverte et sans attendre, pénétra dans la propriété, contourna la maison et se dirigea aussitôt vers la piscine, certain d'y retrouver son amie : d'ailleurs, elle se reposait allongée sous une couverture. Néanmoins ne l'entendant pas venir, dans l'esprit de Paolo cette chère Francine devait être profondément endormie :

– Francine ! Cesse de rêver au prince charmant en ma présence…

– Hello Francine ! Coucou ! L'objet de tes fantasmes est arrivé…

Sur le point de s'accroupir afin de la réveiller en douceur en la caressant tendrement et en la taquinant au besoin, il fut stupéfait de percevoir de nombreux éclats de voix émanant de l'intérieur de la maison :

– S'il vous plaît ! Y a-il quelqu'un dans cette maison ?

– C'est le SAMU d'Ajaccio, nous sommes arrivés !

– Docteur… ! Où êtes-vous docteur ?

– Où se trouve Madame Baissett ?

…

Comprenant soudainement le tragique de la situation, Paolo crut défaillir sous le choc :

– Ici ! Par ici, par ici ! Cria-il incrédule, d'une voix blanche…

Pris de vertige, il s'effondra à genoux au pied du corps de son amie, foudroyé par l'émotion, au bord du malaise, la vue brouillée, les oreilles bourdonnantes, un étau lui serrant la poitrine…

– Vous sentez-vous bien, Docteur !

Le sang de Paolo ne fit qu'un tour, ajoutant à sa confusion, pourquoi l'appelait-on Docteur ?

– Oui, oui…

– Avec cette chaleur, c'est la troisième hydrocution en moins d'une semaine !

Trois personnes vêtues de blanc s'activaient fébrilement autour de Francine, tout en déployant un impressionnant matériel médical : brancard, couverture, masque à oxygène, perfusions,…

– Stade hypoxique, mais elle réagit positivement… certainement grâce à votre intervention !

…

La scène se déroulait comme dans un film surréaliste dont, à l'évidence, il ne pouvait en aucun cas modifier le cours ! Leurs gestes s'enchaînaient presque machinalement, maîtrisant un scénario mille fois répété ; dix minutes plus tard, l'intervention médicale et la préparation du transfert étaient achevées :

– Ok, tout est bon, nous l'emmenons !

Pour terminer, en guise de « fin », une main anonyme lui tendit une liasse de formulaires et un stylo-bille :

– Signez ici, pour la prise en charge.

Tel un automate, dans l'incapacité de réfléchir, Paolo s'exécuta sans poser la moindre question !

– Merci ! Ce double vous revient…

– Hum…

– D'ici une heure environ, vous pourrez appeler l'hôpital…

Puis brancardant Francine, ils s'éloignèrent aussi vite qu'ils étaient arrivés, le laissant à son état de prostration.

Afin de s'abriter du soleil, il pénétra dans la maison et vint s'allonger sur le canapé du salon ; l'esprit vide, anesthésié, épuisé par le stress et l'incompréhension, Paolo sombra dans le sommeil…

…

Irrémédiablement, il ne lui était plus possible d'aimer ; diabolique « claustrophobie affective », mort spirituelle ; ce supplice atroce, démoniaque, ne cessait de le torturer et son âme suffoquait, en proie à une épouvantable douleur !

Pourquoi les êtres les plus chers pouvaient-ils disparaître à jamais, le laissant atrocement seul ? Mortelle séparation !

...

Au sortir de l'enfer, et encore sous l'horreur de ce songe, le réveil s'avéra cette fois-ci, nettement plus douloureux.

Afin de dissocier la fiction de la réalité, l'inspecteur Ottari dut fournir un incommensurable effort de concentration : sortait-il tout simplement d'un épouvantable cauchemar ? S'agissait-il d'un simple avertissement pour le stimuler ? Avait-il mérité une telle sanction, et pour quels manques ?

Ayant souffert dans l'existence, comme tout un chacun, il n'avait eu jusqu'alors aucunement conscience qu'une telle détresse fut possible, ni même simplement envisageable.

Paolo ne savait vraiment plus où le mènerait cette terrifiante aventure, mais il était peut-être encore trop tôt pour y penser et de toutes façons il s'en sentait incapable.

Il savait qu'il lui fallait surtout garder confiance, réaliser le premier pas ; les réponses viendront alors au fil du temps.

Le demi-formulaire rose du SAMU déposé sur la table basse, dûment daté et signé de sa main, le fit émerger impitoyablement de sa léthargie : l'insupportable doute se dissipa sur-le-champ :

– Lieu de l'intervention : Cavallo

– Numéro de téléphone : 04.11.12.13.14

– Nom du patient : Francine Baissett

– Médecin demandeur : Paolo Ottari

– Heure d'appel SAMU : 13 h 02

– Heure d'intervention : 13 h 30

– Date de l'intervention : ...

– Saperlipopette ! Quel souk !

Oui, tout était consommé ! Désormais, il ne lui restait plus qu'à boire le calice jusqu'à la lie !

– Bon sang de bonsoir ! Ce n'est vraiment pas possible, sacré nom de nom...

À nouveau, comme hier soir, quelqu'un venait interférer dans leurs affaires, usurpant cette fois sa propre identité ; néanmoins, il pouvait à présent identifier avec certitude le signataire de cette imposture : Bart Eagle !

À l'évidence, il lui fallait cependant reconnaître que cet américain ne se comportait pas en ennemi... Qui était-il, que faisait-il à « La Maousie » et dans quelles conditions était-il intervenu ? Francine le connaissait-elle et si oui, depuis combien de temps ? L'avait-elle appelé à l'aide ?

Que faisait-elle en cette fin de matinée, et le cas échéant avec qui ? Afin d'en avoir le cœur net, Paolo se mit à explorer une à une les différentes pièces de la villa ! Lorsqu'il découvrit le slip moite sur la machine à laver, il eut la trouble sensation de violer l'intimité de son amie ; pernicieusement, le doute s'insinuait dans son esprit : l'avait-elle trompé avec cet américain ?

– Oh Paolo ! Stop !

Il se sentit tout à coup stupide, jamais la jalousie ne l'avait autant effleurée jusqu'à cet instant ; cette expérience nouvelle le fit sourire : un tel sentiment n'était vraiment pas de circonstance !

À la vue du portable et du chargeur soigneusement déposés sur la table du salon, bizarrement, la vie lui parut à nouveau digne d'être vécue ; son moral d'acier reprit le dessus, le temps pressait, il lui fallait réagir au plus vite, avec toute la vigueur et l'efficacité nécessaire.

Rencontrer de toute urgence le Général Pedro Samovar, puis ce diable d'américain Bart Eagle, faisant partie de ses priorités immédiates, il se saisit du portable, enficha la SIM rescapée et, miracle de la technologie, le téléphone mit un peu moins de quinze secondes pour rechercher le réseau associé, le trouver finalement, puis afficher aussitôt le panel de messages du répondeur :

– …

– Hier à 18 h 45 Sidney Sireton

– Hier à 19 h 29 Sidney Sireton

– Hier à 19 h 33 Sidney Sireton

– Hier à 21 h 30 Francine Baissett

– Hier à 22 h 05 Francine Baissett

– Hier à 22 h 35 Francine Baissett

Lors de son appel initial, Sidney l'informait qu'il sortait d'un rendez-vous qu'il qualifiait « … des plus instructifs », et enfin qu'il s'apprêtait à retourner vers l'embarcadère, d'où il l'attendrait à partir de 19 heures 15.

Beaucoup plus alarmant, le second message l'avertissait de la présence plus qu'inquiétante de trois hommes armés à proximité du bateau et de la menace à laquelle il se savait exposé.

L'audition du dernier message s'avérait inaudible, pourtant, à travers une succession de bruits difficilement identifiables, Paolo crut discerner ce qui paraissait être des éclats de voix !

– Déjà plus de quinze heures passé ! prononça-il à haute voix après avoir consulté sa montre.

Il se dirigea vers le guéridon sur lequel trônait l'antique téléphone fixe des Postes et Télécommunications et à côté duquel figurait l'annuaire agenda personnel de Francine !

S'en saisissant, il l'ouvrit et le feuilleta fébrilement dans l'espoir d'y retrouver le numéro du Général Samovar ; soulagé de constater qu'il y figurait en bonne et due place, il décrocha le combiné, puis composa laborieusement son numéro sur l'antique système à cadran rotatif…

Juste après la transmission d'un déclic d'un autre temps, la voix du général lui parvint enfin :

– Pedro Samovar, j'écoute !

– Bonjour, Paolo Ottari à l'appareil ! Je vous appelle depuis le domicile de Francine Baissett.

– Oui, bonjour inspecteur ! Comment allez-vous ?

– À vrai dire, je ne suis pas au mieux de ma forme.

– Dans ce cas, que puis-je faire pour y remédier ?

– Général, compte tenu de la gravité des événements d'hier soir, j'avais souhaité pouvoir vous rencontrer au plus vite ; néanmoins je pense que, comme je le lui avais demandé, Francine Baissett vous a fort probablement déjà contacté à ce propos au cours de la matinée.

– Certes, je n'étais pas à la villa ce matin et je n'ai pas revu Kevin qui s'est absenté depuis, cependant il ne m'a guère laissé de message en ce sens, ce qu'il fait toujours habituellement.

– Des incidents plus que préoccupants, et qui concernent cette fois-ci la santé de Francine, viennent en outre de se produire en fin de matinée, il y a de cela quelques heures à peine…

– Vous commencez à m'inquiéter, inspecteur ! Que se passe-il donc d'aussi grave ?

– Notre ami Sidney Sireton a disparu hier soir, très vraisemblablement enlevé comme Jack D, ou peut-être même faut-il envisager le pire !

– Bon sang ! Je dois vous avouer que j'appréhendais ce genre de chose, bigre !

– Pourriez-vous Général, de toute urgence, m'accorder un entretien strictement confidentiel ?

– Écoutez inspecteur, je pense que vous devriez sans tarder rencontrer Bart Eagle, un américain, qui sera certainement plus à même que moi pour vous informer complètement.

– Bien que ne l'ayant jamais rencontré jusqu'alors, ce monsieur Bart Eagle s'est déjà manifesté à deux reprises ; je pense qu'au stade où en sont les choses, une rencontre devient pour le moins souhaitable.

– Acceptez-vous que je tente d'organiser sur-le-champ une réunion tripartite chez Francine ?

– Tout à fait mon Général ! Je vous en saurais gré.

– Alors à bientôt inspecteur, je ne vous rappellerai qu'en cas d'indisponibilité de Bart.

– Merci Général, j'espère à tout de suite…

Enfin les choses allaient peut-être bouger, Paolo n'en pouvait plus de devoir rester dans l'expectative face à une situation qu'il ne maîtrisait plus du tout et à l'étrange comportement de Bart Eagle.

Néanmoins, l'attente de cette réunion essentielle, risquait d'être en tous points insupportable ; seulement troublé par le chant des oiseaux, le silence qui régnait dans la demeure l'angoissait au plus au point.

Afin de calmer son impatience et de reprendre ses esprits, il s'autorisa à se servir un grand verre de scotch whisky, un « Pure Single Highlands Malt Glenmorangie[22] »... de 18 ans d'âge, que Francine conservait à son intention.

Il faut dire qu'à elle seule, cette eau-de-vie possède toutes les qualités : la classe, la finesse, la générosité, l'équilibre, la plénitude, un éventail d'arômes charmeurs : d'agrumes, de miel, d'épices douces et de fruits confits ! Un bon whisky ne possède-t-il pas des vertus thérapeutiques digestives et cardio-vasculaires que les cardiologues eux-mêmes ne déconseillent pas à petite dose à leurs patients ? L'inspecteur Ottari déplorait que son remboursement par la sécurité sociale n'ait jamais même été envisagé !

Tout allait trop vite, beaucoup trop vite ; dans quel effroyable guêpier était-il venu se fourrer ?

Et pourtant ce matin, malgré la disparition de son ami Sidney, son réveil dans les bras de Marina avait quelque peu réussi à compenser les vicissitudes de son existence mouvementée ; en souriant alors à cette pensée, il s'avoua à lui-même que, tout compte fait, il avait déjà vécu pire !

---

22. Glenmorangie : La vallée de la tranquillité.

Chapitre Douze

Lorsque le Général Pedro Samovar et Bart Eagle s'annoncèrent à la villa de Francine Baissett et avant même toute présentation, Paolo observa immédiatement, non sans inquiétude, la pâleur du Général Samovar, visiblement préoccupé, le visage profondément marqué et les traits tirés ; celui de Bart Eagle était emprunt de la plus grande gravité : cela ne présageait rien de bon !

Cependant, la ferme poignée de main que lui adressa Bart Eagle et son allure générale des plus avenantes, notamment l'impression de franchise et d'honnêteté émanant de sa personne, vinrent quelque peu atténuer ce surcroît d'inquiétude ; on était bien entre gens du même monde !

Après avoir fait les premières présentations d'usage, le Général laissa la parole à Bart Eagle :

– Monsieur Ottari, j'ai bien conscience de vous devoir quelques explications à propos de mes interventions ; toutefois, je tiens tout d'abord à vous remercier d'avoir accepté cette rencontre.

– Je suis impatient de vous entendre sur ce point, mais à mon tour, je vous remercie vivement de votre promptitude à répondre favorablement à notre sollicitation ; votre venue me soulage, je me fais un sang d'encre à propos de Francine et de Sidney.

– Puis-je me permettre de vous appeler Paolo ?

– Entendu, dans ce cas je vous appellerai Bart.

– Comme vous le savez peut-être, Paolo, je suis citoyen américain et je travaille pour le compte du NSA dans le cadre d'une mission de renseignement concernant la base de San Stefano. Nos techniques d'investigation s'appuient exclusivement sur le principe des écoutes passives ; sous aucun prétexte je ne puis apparaître ou m'interposer d'une quelconque façon que ce soit, en particulier sur des événements ayant trait de près ou de loin à mon activité d'information.

– Je vous suis parfaitement sur ce point ; Sidney et moi-même ne sommes pas censés intervenir, sauf lorsque notre propre vie, ou celle d'un de nos collaborateurs, est en jeu.

– Néanmoins Paolo, sur cet aspect, j'ai gravement enfreint le règlement extrêmement strict du NSA, en dérogeant à plusieurs reprises aux sacro-saintes règles d'anonymat et de réserve absolue.

– Je vous écoute Bart !

– En mon âme et conscience, j'ai cru bon de vous protéger d'agressions ennemies imminentes : d'enlèvement pour Sidney et spécialement d'assassinat sur la personne de Francine Baissett ! Je ne souhaite décemment pas aborder les circonstances exactes de l'abominable acte de viol, lequel fut suivi d'une tentative d'homicide par noyade, dont je viens, bien malgré moi, d'être l'unique témoin…

Sans mon intervention vigoureuse d'aujourd'hui, laquelle à vrai dire, fut fatale pour son abject agresseur, à cette heure Madame Baissett ne serait déjà plus de ce monde…

Le hasard faisant parfois bien les choses, il se trouve que j'ai reçu une formation en réanimation cardiaque grâce à laquelle je suis parvenu à lui éviter une seconde mort quasi certaine ; et cela avant d'appeler le SAMU en votre nom !

– Je redoutais qu'ils s'en prennent à elle…

– Pour clore ce sinistre chapitre, Paolo, et avec l'accord du Général, je me vois donc dans la pénible obligation de vous révéler, qu'à travers un enregistrement téléphonique totalement accablant, nous détenons la preuve formelle de la trahison de Kevin : seul commanditaire de ce meurtre !

– Bart ! Je suis littéralement et proprement abasourdi par tout ce que je viens d'entendre !

La figure défaite, le Général Samovar acquiesça de la tête, son complet désarroi faisait pitié à voir :

– Non seulement mon majordome n'est pas retourné à la villa, mais il ne donne aucun signe de vie depuis ce matin ; un tel comportement ne correspond en rien à ses habitudes et je dois avouer que je crains malheureusement le pire.

– Dans quelles exécrables galères Kevin s'est-il fourvoyé ?

– Je ne puis guère y répondre actuellement, Paolo, mais ce n'est vraisemblablement pas par conviction personnelle.

A-t-il fait l'objet d'un quelconque chantage : improbable ! Ou bien encore, est-ce pour de l'argent : sordide ! Certes, malgré mes reproches, Kevin a toujours été un joueur de poker invétéré : mais enfin…

– Mon Général, chantage et dette de jeu font fréquemment bon ménage ! rétorqua Bart Eagle.

– Bien évidemment, il me faudra aussi vous entretenir à propos de Sidney Sireton et de Jack D. ; mais auparavant, permettez-moi, si vous le souhaitez, de vous résumer sommairement le cadre général des opérations actuelles :

Quels sont les acteurs concernés, les enjeux et les forces en présence ?

– Faites Bart ! Je vous en prie, faites, car pour l'instant je patauge plutôt...

– Certains maîtres à penser de la nomenklatura du régime des mollahs, ultraconservateurs et « guides suprêmes » de la révolution, prônant la confrontation directe avec l'Occident, se disent extrêmement favorables au développement d'armes conventionnelles et nucléaires !

Grâce à des généraux formés en Russie, un pays avec lequel ceux-ci ont gardé des relations « très fructueuses », l'Iran dispose déjà de trois sous-marins de type 877 EMK, qui sont équipés de torpilles russes VA-III modernisées, qualifiées comme les plus rapides du monde.

Afin de produire de l'uranium enrichi, l'Iran et ses mollahs contournent régulièrement l'embargo qui leur est imposé, jouant au chat et à la souris avec les inspecteurs de l'AIEA[23], et au poker menteur avec les Présidents des pays membres du Conseil de sécurité de l'ONU.

Il est certes assez facile de produire l'uranium adéquat, en particulier depuis la parution du manuel technique du savant

23. Agence Internationale de l'Energie Atomique.

Abdulkadeer Khan qui fait fureur sur le marché noir du nucléaire. Ce document des plus instructifs est particulièrement prisé par certaines nations hautement démocratiques telles que la Corée du Nord, la Libye, le Pakistan, le Yémen et bien sûr l'Iran ! Il vous explique comment se procurer des matériels en vente légale sur le marché civil, puis à les transformer, en particulier afin de produire de l'uranium enrichi à usage civil et militaire ; par exemple en « boostant » très simplement des centrifugeuses à usage médical de type IR40.

Pour parvenir à fabriquer des armes nucléaires, dans un premier temps des « bombes sales », il est tout d'abord indispensable de produire de grande quantité d'uranium hautement enrichi. En outre, si l'objectif est de développer des têtes nucléaires destinées à équiper des missiles, il faut alors procéder à des expérimentations afin de maîtriser les technologies de détonation, seules capables de déclencher convenablement des réactions atomiques en chaîne complètes ; un passage par des phases d'essais nucléaires susceptibles de durer pendant plusieurs années.

Plutôt que de les produire, il s'avère donc nettement plus rentable d'acquérir ou de se procurer d'une manière ou d'une autre l'ensemble des technologies secrètes et des équipements ad hoc ; divers réseaux constitués d'officines sont chargés d'élaborer les stratégies de contournement, puis une nébuleuse incontrôlable de sociétés écrans permettent de les acquérir sans le moindre problème.

Malgré cela, une de leurs méthodes, encore plus radicale, consiste à s'emparer directement à la source des matériels en question, c'est-à-dire auprès d'adversaires supposés… ou déclarés comme tels ! Pour ce faire, des escadrons entiers de

« volontaires au martyr » sont prêts à mener des assauts tels que des opérations commandos ou des attaques terroristes contre les intérêts occidentaux.

Afin de s'emparer de matériels militaires hautement performants, têtes nucléaires et missiles, ces hommes n'ont pas hésité le soir du 19 novembre 2003 à attaquer la base de San Stefano ; heureusement mise en échec, cette tentative s'est soldée par la perte partielle du commando.

Or, malgré toutes les mesures dissuasives prises dès le lendemain de cette brutale agression, nous savons de source sûre qu'un groupuscule composé d'hommes parfaitement entraînés, agissant dans la mouvance d'Al-Qaïda, s'apprête à réitérer une action violente contre la base ; ainsi toute personne se mettant en travers de leur chemin sera implacablement évincée du jeu.

En l'état actuel de mes investigations, jusqu'alors tout me laissait à penser que leur méthode d'élimination la plus fréquente consistait à enlever purement et simplement leurs adversaires !

Néanmoins cette tactique d'enlèvement a ses limites ; il s'agit en quelque sorte d'acquérir une monnaie d'échange, celle-ci ne peut donc concerner que les seuls agents ennemis en activités ; c'est la raison pour laquelle ils ont, sans état d'âme, décidé de supprimer Francine Baissett ; par ailleurs, tout me porte à croire qu'il en sera de même pour Kevin, si ce n'est pas déjà fait !

En ce qui concerne Sidney Sireton et Jack D., je suis beaucoup plus optimiste, si je puis m'exprimer ainsi ! Compte tenu des informations que j'ai réussi à recueillir, j'ai toutes les raisons de penser qu'ils ont été enlevés et séquestrés sur un chalutier italien, servant officiellement de couverture mais surtout de base avancée pour les actions terroristes, qui croise en permanence dans les eaux internationales, à proximité des bouches de Bonifacio.

Nous savons que c'est à partir de cette même embarcation, qu'ils ont successivement déclenché leurs attaques : celle du 25 octobre contre le sous-marin Hardfort, puis ensuite celle du 19 novembre contre la base de San Stefano !

Sachez enfin Paolo, que tous ces hommes sont bien renseignés et particulièrement dangereux, ils fonctionnent en réseau en s'appuyant sur plusieurs complicités en Corse et en Sardaigne ! Francine Baissett vient d'en faire les frais ; elle qui, malgré son éloignement du renseignement, n'a pourtant jamais cessé de s'intéresser de près aux activités locales plutôt « underground » !

– La connaissant particulièrement bien, je vous avoue que sa curiosité ne me surprend guère ; je ne vous cache pas mon désarroi et ma vive inquiétude en ce qui concerne son état de santé.

– Rassurez-vous, Paolo, je viens juste de prendre de ses nouvelles auprès du CHU d'Ajaccio, elle est certes sous le choc, mais rendons grâce au ciel, ses jours ne sont nullement en danger ! Ils lui ont administré des tranquillisants afin de la faire dormir et c'est encore le mieux qu'elle puisse faire dans l'immédiat ; essayez de prendre de ses nouvelles demain en fin de matinée ! Néanmoins pour un temps, la secousse psychologique subie risque de lui laisser des séquelles, il vous faudra donc, durant les jours à venir, devoir user de beaucoup de patience à son égard.

– Bart, je vous remercie chaleureusement de votre sollicitude, qui est toute à votre honneur !

– Je vous en prie Paolo, il n'y a pas de quoi ! Je ne fais que ce qu'il est humainement possible de faire dans ce type de situation, pour le moins assez préoccupante, je dois bien en convenir.

– Connaissiez-vous personnellement Sidney Sireton ?

– Je n'ignorais pas, bien entendu, son existence ; toutefois, je ne l'avais jusqu'alors jamais encore rencontré.

Comme vous le savez peut-être, j'ai reçu Sidney hier après-midi pour lui exposer la situation ; notre entretien dura un peu plus de trois heures et s'est donc prolongé jusqu'à dix-huit heures, heure à laquelle Sidney prit congé, avec l'intention de rejoindre directement l'embarcadère…

Lorsqu'une demi-heure plus tard, j'ai reçu son message angoissé m'informant qu'il se trouvait à proximité du ponton en présence de trois hommes armés en train de fouiller l'embarcation ; je l'ai rappelé presque aussitôt, mais la communication fut immédiatement interrompue !

Pressentant que quelque chose de grave risquait de se produire, j'ai alors pris l'initiative d'intervenir afin de lui porter secours par la voie maritime, malgré le temps exécrable qui sévissait hier soir ; le temps de contourner l'île pour me diriger vers le ponton, j'ai entraperçu le zodiac de Sidney en fuite vers Sperone : cap pour le moins assez inhabituel pour faire route vers Porto-Vecchio !

La folle course-poursuite s'engagea, dont vous connaissez évidemment la suite et pour cause ! Après avoir perdu votre trace quand vous vous êtes dirigé vers la pleine mer, j'ai poursuivi jusqu'au « Géant Hôtel » de Cala Rossa, où je suis en définitive arrivé peu de temps avant vous ! Espérant obtenir quelques informations, sans pouvoir décliner ma véritable identité, j'ai usurpé celle de Sidney !

Cette traversée aventureuse en pleine tempête, avec les risques importants qu'elle comportait, m'avait, je vous l'avoue, suffisamment éprouvé ! J'ai donc regagné le port de Porto-Vecchio, où j'ai passé le restant de la nuit sur le bateau, plongé dans la perplexité, vous l'imaginez bien !

– Ok, Bart ! Qu'est-il advenu à Jack D. ?

– Jack D. ayant observé qu'un petit voilier servait en quelque sorte de poisson pilote pour le chalutier suspect, décida d'aller discrètement lui rendre visite à la faveur de la nuit, alors qu'il mouillait dans la baie de Saint Cyprien ! L'opération présentant de très gros risques, j'ai tenté sans succès de l'en dissuader, la suite des événements démontra le bien fondé de mes craintes !

– Ne s'agirait-il pas d'un petit voilier d'environ six mètres, à la coque rouge vif et au pont gris clair ! s'exclama Paolo en proie à une lueur subite.

L'inspecteur Ottari venait soudain d'associer les vues de bord de mer, en apparence anodines, des quelques photos retrouvées hier dans le portefeuille de Jack D. et le puissant signal de « déjà vu » de son subconscient, enregistré ce matin même sur la plage de Saint Cyprien…

– C'est bien exact Paolo ! Mais diable, comment le savez-vous ?

– Non seulement Jack conservait sur lui plusieurs photos de ce voilier, mais celui-ci mouille encore actuellement dans la baie de Saint Cyprien, juste au pied de la tour génoise.

– Sans le savoir Paolo, vous venez à l'instant même de m'apporter comme sur un plateau un élément essentiel.

Nous avions inexplicablement perdu trace de ce navire, même sur les images satellites, et cela ne fait que renforcer mon sentiment qu'une opération d'envergure se prépare.

Ils se servent notamment de ce « poisson pilote » pour effectuer discrètement leurs repérages et transmettre en retour les informations correspondantes au chalutier qui croise plus au large ; le voilier pourrait constituer à lui seul un atout non négligeable pour mener à bien notre défense !

– Compte tenu de ce que nous savons, Bart ! Quelle stratégie pourrions-nous adopter ?

– Le fait est que Jack et Sidney ont, presque à coup sûr, bel et bien été enlevés ; en réussissant chacun de leurs coups, les ravisseurs nous contraignent à nous dévoiler et à passer inévitablement du simple recueil d'information à l'action ; soyez-en assurés, ils savent pertinemment que nos activités se limitent au seul renseignement !

Nos amis sont en sécurité tant que leur opération contre la base n'aura pas été menée à bien ; mais après, je regrette de vous dire que je ne donnerai malheureusement pas cher de leur peau ! Certes, ils pensent que nous ne pouvons pas mener une action contre leur chalutier dans ces conditions, mais compte tenu de l'importance des enjeux, je n'écarte pas l'hypothèse que le haut commandement de l'US Navy puisse malgré tout décider de les couler « corps et biens ».

Par conséquent, nous allons devoir très rapidement prendre des dispositions… avant qu'il ne soit trop tard !

Quoi que nous entreprenions dans ces circonstances, il nous faudra à tout prix éviter d'agir isolément ; nous ne pouvons gagner qu'en recourant à la ruse après élaboration d'un solide plan d'action ; toute précipitation doit être proscrite, celle-ci pouvant s'avérer bien plus désastreuse !

Vous en savez désormais presque autant que moi et je vous suggère donc de nous accorder quarante-huit heures de réflexion, puis de nous réunir pour élaborer notre stratégie commune ; si cela peut vous réconforter, sachez que je suis constamment informé de leurs faits et gestes.

– Chers amis, avez-vous d'autres questions en suspens et êtes-vous d'accord sur le principe ?

– Pas d'autres questions dans l'immédiat, agissons ainsi ! Et encore merci pour votre aide, Bart !

– Ok, dans ce cas à très bientôt ! Nous resterons toutefois en étroite relation jusque-là.

...

Sans doute inquiet sur le sort réservé à son majordome, le Général demeura longuement silencieux ; puis tour à tour, Bart Eagle et Pedro Samovar serrèrent la main de Paolo avant de le quitter...

Bien que le plus souvent habitué à la solitude, Paolo n'envisagea pas de demeurer une heure de plus dans ces lieux empreints de l'absente présence de son amie de cœur Francine Baissett ; l'esprit vide, il entreprit un dernier tour d'inspection avant de refermer soigneusement la villa. Puis il s'empressa d'aller regagner le bateau pneumatique ; tel un chien fidèle, celui-ci l'attendait bien sagement !

Psychologiquement fatigué durant le trajet de retour vers Cala Rossa, qui fort heureusement se déroula sans autre problème, Paolo se refusa à se complaire dans de vaines investigations, impatient de retrouver l'oasis de douceur et de paix, certes factice : mais ne devait-il pas se préserver ?

En de telles circonstances, l'expérience lui avait enseigné que lâcher prise momentanément, sans s'obstiner inutilement, permettait souvent de résoudre les problèmes les plus complexes ; aussi décida-t-il, bien légitimement, de s'octroyer un moment de détente durant ce week-end.

Il se surprit même à sourire à l'idée de retrouver Marina ; peut-être pourrait-il même l'inviter à dîner dans l'une des paillotes très fréquentées de la baie de Saint Cyprien : par exemple « Chez Marcus » ou encore au non moins sélect « Lagon Bleu », à l'ambiance « people » de plus en plus tropézienne ! Enfin, compte tenu de la jeunesse de Marina, il projeta aussi de l'emmener danser au « Poncho Club ».

Certes, il éprouvait le trouble sentiment de trahir Francine et en conçut quelque honte : il n'avait jamais été dans ses habitudes de mener une double vie amoureuse ! Hormis quelques rares aventures ponctuelles, et sans lendemain, l'inspecteur Ottari n'avait vécu, jusqu'à ces derniers temps, qu'une existence disons « plutôt monastique », ses activités accaparantes ne lui laissant que peu de loisirs.

Il n'ignorait cependant pas que, lorsque l'on est un tant soit peu honnête, l'on ne pouvait qu'admettre la nature profondément polygame de l'homme ! D'ailleurs, force lui était de constater que souvent, enfin la plupart du temps, les grands hommes multiplient leurs conquêtes…

Chapitre Treize

Il était déjà dix-neuf heures lorsque l'inspecteur Ottari s'amarra au ponton du « Géant Hôtel », pénétrant dans le hall d'accueil, il croisa Marina qui venait à l'instant de quitter son service. Plus qu'un long discours, le large sourire avenant qui illumina aussitôt l'adorable minois de la jeune femme en disait long sur le plaisir évident qu'elle éprouvait à le retrouver !

Parvenue à sa hauteur, elle l'arrêta presque autoritairement en le maintenant par le bras :

– Je vous attendais Paolo, à partir de maintenant je suis libre comme l'air, cette nuit m'appartient ! Le temps de me changer et je vous veux donc tout à moi de vingt heures à l'aube… et bien davantage si inclination !

On ne pouvait décemment être plus direct à ce propos, se dit Paolo avec étonnement ; non sans éprouver cependant une certaine satisfaction bien masculine, quelque peu machiste.

– Si vous le permettez Marina, pour ne rien vous cacher, j'avais aussi envisagé pour ma part, l'éventualité d'un programme de divertissement nocturne singulièrement similaire au vôtre…

– Alors enlevez-moi et cette nuit, selon votre bon vouloir, faites de moi ce dont il vous plaira !

Bon sang, cela promettait de chauffer au-delà du raisonnable pensa Paolo flatté dans sa virilité ; après tout son séjour dans l'île de beauté risquait de ne pas être aussi idyllique que cela ; mieux valait dans ces conditions accepter le meilleur de la vie et prendre ce qui était à prendre !

En attendant l'heure de son rendez-vous galant, l'inspecteur Ottari décida d'aller se rafraîchir en piquant une tête devant la plage privée du « Géant Hôtel ». En pénétrant dans sa chambre, sa première vision fut celle d'un mini-slip de soie noir étalé bien en évidence sur son oreiller, petit clin d'œil éminemment suggestif ; décidément Marina avait bien de la suite dans les idées…

Malgré l'heure tardive de nombreux baigneurs folâtraient encore dans les eaux bleues du golfe, face à la punta di Chiappa et à la marine d'Arje ; avec le beau temps et la chaleur estivale qui régnait alors sur l'ensemble de la Corse, la température de l'eau avoisinait les trente degrés.

En quelques brasses rapides, Paolo s'éloigna du rivage, puis, s'allongeant sur le dos, se laissa bercer au gré des flots afin d'admirer le spectacle sublime s'offrant à ses yeux à perte de vue ; sans pouvoir objectivement se l'expliquer, cet endroit magique lui évoquait la baie d'Along…

Le temps passant, Paolo remonta se changer ; après s'être rincé sous la douche à l'eau froide, il enfila un costume de lin clair au pli impeccable et qui le rajeunissait d'au moins dix années. Non sans s'être au préalable généreusement aspergé de « 210 », son eau de Cologne préférée ; il redescendit dans le hall d'accueil, alors en pleine en effervescence, afin d'attendre la jeune et sublime Marina.

Le souffle coupé sous le choc, Paolo cru défaillir lorsqu'il l'aperçut s'avançant à sa rencontre, impeccablement apprêtée, coiffée, maquillée, outrageusement dénudée, couverte d'une légère robe de soie vaporeuse aux couleurs pastel et à moitié transparente, dévoilant impudiquement son anatomie explosive aux regards concupiscents des hommes et ceux nettement plus réprobateurs des femmes.

Une claque sonore retentit soudain dans son dos ; en se retournant, il vit un homme d'âge mûr se tenir la joue, tandis qu'une femme s'éloignait rapidement, drapée dans sa dignité offensée ; il était décidément temps de prendre le large avant que cette situation ne dégénère en émeute !

À l'avenir, il éviterait de lui faire visiter la salle des opérations de Cap Canaveral habillée dans une tenue aussi provocante, où elle risquerait bien en effet de déclencher inopinément la mise à feu prématurée du gros « Shuttle » !

Afin d'éviter qu'une réaction en chaîne incontrôlée ne puisse se propager jusqu'à l'explosion, avec l'autorité un tant soit peu machiste que lui conférait alors sa position de mâle dominant, Paolo empoigna fermement la frêle main de Marina, et l'entraîna en hâte vers le ponton de l'hôtel :

– Ma chère Marina, je vous trouve… délicieusement craquante !

– Mon cher Paolo, sachez à votre tour que vous êtes… « too much » !

Ensemble, ils éclatèrent de rire ; n'y tenant plus, Marina se pendit à son coup en l'embrassant fougueusement sur la bouche ; sous l'effet de son corps, étroitement enlacé, l'épousant intimement, et des suaves effluves de parfum qu'il exhalait, Paolo éprouva l'envie de la posséder sur-le-champ.

Retrouvant la fougue de sa jeunesse, il la prit dans ses bras et sauta d'un bond dans le zodiac ; remontant la main entre ses cuisses, il eut alors à peine le temps d'effleurer son sexe déjà inondé ; elle rejeta la tête en arrière, les yeux troubles, et s'abandonna au plaisir d'un violent orgasme ; et tandis qu'elle râlait langoureusement, Paolo ressentit sous ses doigts les contractions spasmodiques de la vulve.

En bon samaritain, un promeneur intrigué s'arrêta à leur hauteur pour leur porter assistance :

– Monsieur, souhaitez-vous que j'appelle un médecin ?

– Non merci Monsieur, ce n'est pas nécessaire, rien de grave, juste un léger coup de chaud ; avec ce temps, elle est fréquemment sujette à de petites crises de tétanie sans conséquence…

– Ah, en effet, la pauvre fille ! Mais n'existe-il pas meilleur remède que l'affection paternelle !

Ajoutant à la confusion, Marina s'étrangla en voulant retenir un fou rire devenu inextinguible ; Paolo, qui ne put réprimer le sien, se dissimula dans son cou, hoquetant, les larmes aux yeux…

Visiblement ému par ce débordement de tendresse, le samaritain s'éloigna avec compassion…

– Excusez-moi Paolo, je n'ai pas pu me retenir ! lui dit-elle comme une écolière prise en faute.

– Vous retenir de quoi Marina, de rire… ou de jouir ?

– Oh, ne vous moquez pas de moi ! Certes, j'ai un peu honte de ma petite faiblesse passagère, mais ne jouez pas au pharisien, j'ai simplement réagi à votre intention de me violer sur place ; cependant au risque de vous choquer, je ne regrette rien : ce fut divinement bon dans vos bras !

– Ce n'est point l'heure de la bagatelle Marina, il me faut ménager ma monture, la nuit est longue…

– N'ayez pas de regrets, vous ne perdez rien pour attendre, vous l'aurez votre plaisir solitaire !

– En attendant, que diriez-vous d'un dîner aux chandelles « Chez Marcus » à Saint Cyprien ?

Sans attendre de réponse, Paolo mit en route les moteurs du Zodiac qu'il désamarra du ponton, puis après s'être un peu éloigné du rivage, mit le cap vers le phare de la punta San Cyprianu. Le soleil se couchait lentement sur la mer étale, une douce lumière se répandait autour d'eux, ajoutant une note supplémentaire à la féerie et la magie du spectacle ainsi offert à leurs yeux…

Alors que leur embarcation contournait le phare, Marina se mit à ses genoux en le parodiant :

– En attendant, que diriez-vous d'un apéritif assorti bien entendu de quelques amuse-gueules ?

Joignant le geste à la parole, elle entreprit d'ouvrir son pantalon, s'empara de sa virilité, puis l'engloutit aussitôt au fond de sa gorge avec une avidité à peine dissimulée…

Exacerbé par la fraîcheur des lèvres suaves autour de son membre, imprimant de lents vas et viens accordés aux doux balancements de l'embarcation qui délicieusement les accentuaient en cadence, Paolo se libéra brutalement des tensions accumulées au cours de ces derniers temps.

Non sans satisfaction, elle reçut les longs jets de semence et se figea soudainement, secouée par d'imperceptibles tremblements convulsifs, symptomatiques d'un orgasme.

Persévérante, elle prolongea son aphrodisiaque succion… jusqu'à l'obtention de l'ultime larme du divin élixir !

– Voilà Paolo, maintenant nous sommes quittes, je n'ai vraiment pensé qu'à votre seul plaisir !

– Ce qui, à l'évidence, ne vous a guère empêché d'y puiser aussi le vôtre… petite hypocrite !

– Certes mon cher Paolo, je me suis peut-être quelque peu relâchée au tout dernier moment, non sans avoir héroïquement essayé au préalable de me maîtriser le plus longtemps possible ! Et dites-moi quel être normalement constitué résisterait à cet intolérable supplice de Tantale ?

– Vous n'êtes qu'une incorrigible jouisseuse, vous serez donc punie par où vous avez péché !

– Auriez-vous l'intention d'ingurgiter un tube complet de ces fameuses petites pilules bleues ?

– À quoi cela me servirait-il ? On dit qu'elles peuvent, dans le meilleur des cas, vous autoriser une performance de six heures et quart… je ne vois pas l'intérêt de gagner quinze minutes !

Marina s'esclaffa à son aimable plaisanterie :

– Hum ! En attendant la punition, vous me mettez déjà l'eau à la bouche… faute de mieux !

– Et cette gamine sensuelle et volcanique est en plus totalement perverse ! Nous voilà bien !

Heureux de leurs scandaleuses turpitudes, ils se mirent à rire aux éclats comme deux jeunes adolescents…

Profitant de leurs ébats, depuis plusieurs minutes le Zodiac livré à lui-même affichait une trajectoire « hasardeuse » ; s'étant un tant soit peu écarté de la route initialement prescrite, il reprit enfin un cap nettement plus cohérent…

Après avoir contourné le luxuriant domaine de Cala Rossa, l'immense baie de San Ciprianu, accueillante et encore étincelante à la tombée de la nuit, leur ouvrit ses larges bras protecteurs. Plus à l'est, tout au fond de la baie, les mille et une lucioles bordant la légendaire paillote, « Chez Marcus », scintillaient comme autant d'étoiles dont le délicat reflet dans l'eau ajoutait à la magie des lieux…

Étrangement, pas une seule ride ne venait altérer le miroir alors parfaitement lisse de la mer ; le vent étant tombé avec la nuit, l'extrême douceur de l'air contrastait avec la chaleur du jour ; pour les amants, le ciel et la terre bénie des dieux, revêtaient à cet instant un goût de paradis…

Bordée de ses traditionnels parasols de chaume, l'immense terrasse de teck accueillait déjà de nombreux convives venus se restaurer et se détendre dans ce cadre enchanteur et romantique, dont l'ambiance plutôt sympathique, toute à la fois conviviale et familiale, y contribuait beaucoup.

Sur la plage en contrebas, plusieurs petites tables basses permettaient de se restaurer à même le sable, ce tout en surveillant les jeux des enfants turbulents, sous les regards attendris des moins jeunes.

Lorsque Marina se dirigea vers le bar pour saluer la charmante et ravissante épouse du patron, les regards de la clientèle masculine convergèrent à l'évidence vers les deux jeunes femmes ; leurs compagnes, pour la plupart mères de famille… feignant jalousement de les ignorer !

Comme deux amoureux, Marina et Paolo préférèrent s'installer sur la plage, un peu à l'écart ; un jeune homme stylé d'allure brésilienne, aimable et souriant, vint prendre leur commande :

– Bienvenue, voici la carte ! Notez que ce soir nous vous proposons en plus :

Une fricassée de coquilles Saint Jacques aux petits légumes,

Des gambas grillées à la tôle, accompagnées de riz basmati,

Pour terminer, en dessert, notre crème brûlée péruvienne…

Et pour accompagner votre dîner, je vous recommande notre excellent rosé « Patrimonio » ; voilà, ce sera tout pour aujourd'hui. Souhaiteriez-vous boire quelque chose en attendant ?

– Merci beaucoup Monsieur, je crois que nous allons nous laisser tenter par vos suggestions.

– Qu'en penses-tu Marina ?

– Oh oui, je suis littéralement affamée !

– Alors, je vous souhaite de passer une excellente soirée…

La bouteille de rosé bien frappée, accompagnée de deux verres à pied et d'un seau à glace, ne tarda pas à être déposée sur leur table par le charmant jeune homme au sourire ravageur ; dès lors, dans ce cadre harmonieux et naturel, en parfaite symbiose avec l'environnement, tous deux éprouvèrent un bien-être inhabituel, leur sembla-t-il, proche de la béatitude !

Visiblement amoureuse, Marina vint alors se lover délicatement entre les bras de son amant :

– Vous savez quoi Paolo ?

– Non, mais dites toujours…

– Eh bien… j'aimerais un enfant de vous !

Le verre à la main, en train de déguster son rosé bien frais, Paolo faillit s'en étrangler :

– Euh…quoique cela me flatte, ne pensez-vous pas que votre souhait soit un peu prématuré ?

– Simple question d'anticipation ! Mais vous-même Paolo, l'envisageriez-vous seulement ?

– C'est une décision qui ne peut pas se prendre à la légère… et puis je ne suis plus tout jeune.

– Raison de plus pour ne pas attendre qu'il soit trop tard, irrémédiablement ! Répliqua Marina avec son implacable logique féminine, lui fermant la porte, sans lui accorder le moindre appel possible…

– Certes ! Mais jusqu'à présent, je n'ai guère encore eu le temps de me poser cette question.

– Rassurez-vous, dans l'immédiat je vous aime, et tout cela n'a pas vraiment d'importance.

– …

L'arrivée opportune de la fricassée de coquilles Saint Jacques et des gambas grillées à la tôle, mit un terme à un échange dont la tournure risquait de devenir pour le moins embarrassante !

Le partage équitable des plats devint le prétexte d'une avalanche ininterrompue de politesses :

– Mais Paolo chéri, vous n'avez pris que deux gambas seulement…

– Cela ira très bien comme cela, Marina, vraiment je vous assure…

– Allez, prenez-moi ça ! dit-elle en lui servant d'autres gambas…

– Mais servez-vous donc encore de coquilles Saint Jacques…

– Ah mais enfin, non, Paolo, je n'en ferai rien…

– Allez-vous finir de vous priver de la sorte…

– Pour moi c'est déjà amplement suffisant…

– Vous n'avez rien dans votre assiette…

– Bon d'accord, inspecteur Ottari…

– Alors, buvons à notre santé !

Avec délectation, nos deux tourtereaux s'absorbèrent dans la dégustation de cette simple mais très honorable cuisine, savamment mitonnée par le sympathique patron de ce lieu mythique, et dont l'originale et succulente « crème brûlée péruvienne » valait bien à elle seule le détour !

Cerise sur le gâteau, l'addition s'avérait nettement moins salée que l'eau de la Méditerranée…

L'étincelant halo de lumière argentée de la lune inondait l'eau de la baie devenue scintillante :

– Ma chère, que diriez-vous d'une petite promenade nocturne digestive le long de la plage ?

– Charmante initiative, Paolo, je frissonne déjà à la perspective de cette balade romantique...

Bras dessus, bras dessous, tendrement enlacés dans la chaleur de la nuit, les sens en éveil, aiguisés par les couleurs, les odeurs et les sons, le cœur extasié par tant de beauté et de délice, le charme sublime de ce lieu magique opérait insidieusement au plus profond de leurs âmes.

À cet instant, ils n'étaient plus que deux enfants envoûtés par l'atmosphère surréaliste de ces instants d'éternité...

– Paolo !

– Oui Marina !

– Que diriez-vous d'un bain de minuit ?

– Mais nous n'avons pas emporté nos maillots !

– Quelle importance ! À cette heure, l'endroit est assez peu fréquenté et la nuit en fera office.

Joignant le geste à la parole, elle se dénuda aussitôt, puis se précipita dans l'onde en courant, comme une gamine, poussant des cris d'orfraie et faisant jaillir des gerbes d'écume fluorescentes :

– Paolo ! Paolo ! Venez me rejoindre, c'est divinement bon !

Ne pouvant guère résister aux sortilèges de cette sirène, Paolo s'exécuta sans plus attendre :

– Belle vierge innocente, petite imprudente, prenez garde à la bête qui accoure vous dévorer !

S'en suivit une folle course-poursuite dans l'eau au cours de laquelle Paolo eut vite le dessus ; lorsqu'elle se sentit rattrapée au premier contact de ses mains, elle accéléra pour lui échapper ; se prenant au jeu, elle se mit à hurler telle une vierge effarouchée poursuivie par un monstre :

– Ah, je vous tiens maintenant et vous ne m'échapperez plus ! lui dit-il en se jetant sur elle…

Il l'enserra dans ses bras ; s'accrochant alors à lui comme une noyée, elle reprit sa respiration, le souffle court, haletante, suffocante, et se blottit pour finir contre son torse en l'embrassant. À califourchon sur ses hanches, elle se colla intimement à son corps, et se laissa pénétrer…

Paolo ne résista pas longtemps au contact extatique que lui procurait sa féminité abandonnée dont il recueillit les émouvantes contractions tandis qu'il se répandait en elle !

En vérité, si cette petite désirait vraiment un enfant, elle ne pouvait guère mieux s'y prendre :

– Ayant connu mon premier émoi dans une piscine, j'apprécie les mises en scène aquatiques…

– Vous m'auriez dit le contraire… que je ne vous aurais pas cru, Marina !

Les hommes se focalisent, le plus souvent par commodité, sur leur plaisir de géniteur, oubliant que l'instinct de procréation est viscéralement ancré à la nature féminine. Les moyens contraceptifs ne faisant qu'accentuer leur naïve amnésie en la matière, les moins prudents prennent le risque de passer du statut de chasseur à celui de chassé.

En guise de serviette de bain, Paolo sortit deux mouchoirs blancs des poches de son pantalon :

– Comme vous pouvez le constater Marina, je suis toujours prévoyant ! déclara-t-il en riant...

Avant de parvenir à se sécher, ils durent essorer à plusieurs reprises leurs mouchoirs trempés ; leurs gestes comiques et un peu ridicules provoquèrent à nouveau un déchaînement d'hilarité :

– Allons boire un verre au « White Note » où par ailleurs nous pourrons prendre une douche.

– Avec plaisir Marina, néanmoins notre tenue, plutôt adamique... risque fort d'y être prohibée !

– Bon, si vous y tenez absolument Paolo, prenons le temps de nous habiller plus décemment.

*

* *

Malgré le nombre de clients encore attablés à cette heure tardive, pour une grande part absorbés par la dégustation de gargantuesques glaces arrosées à profusion de crème chantilly, surmontées pour la plus grande joie des enfants des traditionnels petits parasols multicolores, une serveuse au sourire avenant leur dénicha une petite table tranquille, non loin de la scène où deux guitaristes d'âge mûr, assurément méditerranéens, égrenaient élégamment le classique « Nuage ».

Marina et Paolo commandèrent deux Piñacoladas glacées, cocktails aux parfums exotiques, envoûtants et savoureux, subtil dosage composé de 2/6 de rhum blanc, 3/6 de jus d'ananas frais et 1/6 de lait de coco.

Lorsque la dynamique chanteuse du « White Note » se mit à interpréter de sa voix chaude, aux accents lyriques, la mythique chanson « Piensa n mi » du proverbial « Talons aiguilles », un silence quasi religieux s'établit dans la salle où l'émotion de l'assistance était perceptible ; telle la voix du remords, la lancinante complainte lui rappela l'amour que lui portait Francine.

– Vous avez vraiment l'air d'apprécier la performance de Clara, n'est-ce pas Paolo ?

L'observation pertinente de Marina le réveilla soudain de la rêverie dans laquelle il sombrait :

– Euh oui, oui… enfin je crois !

– Savez-vous au juste qui est Clara ?

– Non, pas précisément, mais dites-moi…

– Écoutez ! Clara est une authentique « Signatora » initiée à la pratique de « l'incantesimu », une prière ancestrale destinée à conjurer « l'Ochju », en corse, ou si préférez le « mauvais œil » ; mais cette femme peut aussi soigner la plupart des blessures, celles des âmes et celles des corps.

– Vous-même, y croyez-vous Marina ?

– Oui ! D'ailleurs des personnes de plus en plus nombreuses, dont certaines viennent de très loin, s'en remettent entre ses mains en ayant ponctuellement ou régulièrement recours à ses soins.

– Dans ce cas, je ferais peut-être bien de faire appel à ses services, car depuis mon arrivée dans ce pays, j'ai sans nul doute « l'Ochju » chevillé au corps.

– Ce n'est pas exclu Paolo ! Souhaitez-vous, obtenir un rendez-vous d'urgence avec Clara ?

– Pourquoi pas ! Quoique, dois-je vous rappeler que le prosélytisme est répréhensible en France ?

– Comment ! Et moi qui ne pense seulement qu'à votre mieux être ! Vous êtes injuste Paolo !

– L'enfer est peuplé de bonnes intentions. Mais comment pourriez-vous le savoir, Santa Marina ?

– Paolo, vous êtes un monstre de mauvaise foi et pour vous faire pardonner, embrassez-moi !

– Seriez-vous donc prête à vendre votre âme et pactiser avec le diable pour un simple baiser ?

– Oui, mille fois oui, Paolo chéri ! Mon âme et mon corps brûlent de lui appartenir à jamais.

– Voilà de bien torrides perspectives, l'incandescence de vos sentiments me flatte !

– Mais alors Paolo, prouvez-le moi ! lui dit-elle en se jetant sur lui sans la moindre retenue.

– Êtes-vous prête à danser le « zouk miel » jusqu'à l'aube au « Poncho Club » de Cala Rossa ?

– Oh oui ! Excellente idée, rien ne me ferait plus plaisir !

– Eh bien, dans ce cas, allons-nous en d'ici.

...

Parvenus, après une brève mais féerique navigation, au petit embarcadère du « Géant Hôtel », ils marchèrent le long de la route, tendrement enlacés ; les couleurs, les sons, les odeurs envoûtantes, la douceur sublime de la nuit assaillaient leurs sens en éveil ; suspendus à leurs contemplations extatiques, étrangement, le temps s'était à nouveau arrêté...

Le « Poncho Club », outre sa particularité d'être un établissement « branché » à ciel ouvert, diffusait à plus de cinq cents mètres à la ronde, durant la majeure partie de la nuit, sa musique « électro-techno » dont, pour son plus grand bonheur, tout le voisinage profitait gratuitement…

Après tout, la plupart des vacanciers protestataires pouvaient bien se coucher un peu plus tard, c'est-à-dire vers cinq heures du matin et se lever aux alentours de midi, ce qui, bon an mal an, leur laissaient quand même au moins six à sept heures de sommeil ; en tout cas largement suffisamment pour récupérer de leur précédente journée de farniente à la plage. N'est-il pas ?

Paolo régla les entrées ; au vu de sa carte Visa Gold on les accompagna jusqu'à l'espace réservé V.I.P. d'où ils commandèrent une bouteille de Chivas Regal, de l'eau gazeuse Orezza, et deux canettes de Corsica-Cola : l'incontournable coca corse… « le cola des fortes têtes » !

Il devait bien être minuit et demi ; malgré l'heure avancée l'établissement était noir de monde, toute conversation s'avérait inenvisageable compte tenu du nombre pléthorique de décibels.

Il y régnait cependant une atmosphère plutôt sympathique, assez familiale et « bon enfant », contrastant avec celle nettement plus prétentieuse et enfin de compte, tout à fait désagréable, de lieux d'appellation « people » où l'on traitait ostensiblement le client en fonction de ses seules consommations.

Paolo réalisa que cela faisait deux bonnes décennies qu'il n'était plus sorti dans un night-club ! Quoique, après tout, il lui suffisait de se laisser porter par une atmosphère passablement survoltée ; Marina chauffée à blanc, ne tarda pas à l'entraîner « manu militari » vers la piste de danse.

En une sorte de véritable hymne à l'amour, un parterre de jeunes femmes, et de moins jeunes, assez légèrement vêtues, laissant délibérément entrevoir les ultimes lisières de leurs intimités, se déhanchait lascivement au rythme de la musique : aguichantes et suggestives à souhait !

Les trois-quarts des mâles bavaient devant ces prêtresses ainsi offertes à leur concupiscence, en détaillant, l'air de rien, leurs anatomies à peine voilées, ingénument exposées aux regards.

Il faut avouer que l'apparition de Marina, habillée d'une manière outrageusement indécente, éclipsa d'un seul coup l'éclat de la plupart de ces « vénus beauté » en herbe ; plus exactement, les plus jeunes semblèrent beaucoup moins jeunes et les moins jeunes, encore plus vieilles ! Manifestement tombées en disgrâce, les moins combatives d'entre elles, et les plus dépitées, abandonnèrent subrepticement la partie, quittant incognito la piste… sur la pointe des pieds !

Malgré l'enchaînement de trois longs « rock'n roll » successifs, particulièrement rapides, Paolo bien qu'un peu essoufflé, éprouva alors l'agréable sensation de retrouver ses vingt ans : il devait se rendre à l'évidence, l'ardente et pétillante Marina y contribuait pour beaucoup.

Le D.J. programma une série de « zouk love », une danse lente, forte appréciée des couples parce qu'elle se dansait presque sur place en accentuant le contact et le frottement entre les partenaires, une manière très tranquille de flirter ; qui eut pour effet de rameuter un maximum de danseurs.

La Compagnie Créole, Kassav, Francky Vincent, Zouk Machine et autres Jocelyne Labylle eurent tôt fait de rallumer les ardeurs les plus ensommeillées, voire même totalement éteintes ; Marina en profita pour l'enlacer et plaquer plus étroitement son corps contre le sien :

– Je suis sûre que vous n'avez qu'une seule idée en tête ! lui cria-t-elle à l'oreille.

– Détrompez-vous, dans ces circonstances, il m'en vient presque toujours plusieurs à la fois.

– Oui, il vous vient l'envie de me culbuter sur le champ, puis de me prendre comme une fille.

– Certes, vous faites tout pour Marina… en d'autres lieux, ce ne serait pas pour me déplaire.

– J'aimerais que vous me preniez comme une « call girl », en ne pensant qu'à votre seul plaisir ; cela a toujours fait partie de mes fantasmes ! me promettez-vous d'y répondre un jour Paolo ?

– Peut-être ma petite, si vous êtes bien sage et très obéissante avec « papy » ! répondit-il en riant.

– Avez-vous d'autres extravagances à votre catalogue ?

– Oui, quelques-unes, mais plus difficiles à satisfaire ! Par exemple, être possédée par un cow-boy équipé de bottes et d'éperons, ou bien encore, offerte à l'équipe gagnante d'un match de football…

– Servir de trophée à une équipe complète de football ! Vous ne faites pas dans la dentelle !

Simple divagation onirique ! Cependant je préfère de beaucoup être dominée et soumise, sexuellement du moins, d'ailleurs depuis notre première rencontre, c'est le cas avec vous.

– C'est pourtant vous seule qui en avez pris l'initiative !

– Juste pour « allumer le feu »... comme on craque une allumette sous un fagot de vieux bois mort.

Réjouie de son humour insolent, Marina explosa de rire devant la mine déconcertée de Paolo :

– En tout cas, merci beaucoup pour le vieux bois mort ! Comme le dit l'adage : « C'est dans les vieux pots qu'on fait les meilleures soupes, mais les jeunes poireaux restent collés au fond ».

– Comment pouvez-vous être aussi ignoble et odieux avec moi, Paolo ?

– Ah ! Admettez alors que vous ne l'avez pas volé, petite peste !

...

Pour le faire taire, Marina pressa sa bouche contre la sienne...

Avec son tube « Lambada[24] », l'exotique groupe Kaoma acheva de mettre le feu à la soirée ; en un mouvement plus qu'évocateur, les couples étroitement enlacés avançaient et reculaient en tournant, ondulaient des hanches, tout en conservant un étroit contact au niveau de leurs cuisses.

24. Il y a quelques années, la lambada, danse à caractère érotique, aurait incontestablement été qualifiée d'obscène, mais acceptée depuis par la morale populaire, elle ouvrait sans autres limitations la porte aux danses de couples !

Sous l'effet de la sueur, la robe de Marina lui collait à la peau, révélant voluptueusement les courbes et les recoins les plus secrets de son anatomie, en l'exposant à la lubricité collective.

La garde à vue, puis la mise en examen, et pour finir la détention provisoire guettant Marina en raison du « risque de trouble à l'ordre public » toujours prompt à être abusivement invoqué par un juge d'instruction ou un procureur de la république, Paolo se prit à espérer qu'aucun de leurs représentants n'avait eu l'idée saugrenue de venir se compromettre avec une telle faune.

Paolo faisant écran de sa personne tenta, sans succès, de la soustraire à la convoitise masculine, laquelle, selon son observation se manifestait de manière de plus en plus insistante au fil du temps.

Bizarrement, certes, elles vous le confirmeront toutes, les jolies femmes sont très rarement abordées, la peur du camouflet et la timidité maladive des hommes constituant leurs plus sûrs remparts ; mais lorsque les plus audacieux, confortés par l'alcool, commencèrent à susurrer quelques obscénités aux oreilles de Marina, il jugea bon de mettre un terme à leur escapade nocturne…

– Je crois qu'il est temps, petite Marina ! Le gentil marchand de sable ne va plus tarder passer, et notre beau carrosse est sur le point de redevenir citrouille…

– Cela tombe bien Paolo, j'ai hâte de pouvoir enfin me livrer sans retenue à tous vos désirs !

– Cela tombe bien Marina, j'ai hâte de pouvoir enfin me retrouver entre les bras de Morphée.

– Oseriez-vous essayer de me mettre en concurrence avec cette… Morphée ?

– Admettez qu'en réalité cela ne dépend pas uniquement de moi.

– Paolo, vous êtes l'empereur de la provocation ! Mais sachez qu'avant la fin de cette nuit, votre chère petite peste de Morphée… va « morfler » un maximum.

– Je ne demande qu'à en être convaincu Marina ! Toutefois, ne vendez pas la peau de l'ours…

…

La connaissant, il pouvait s'attendre au pire ; mais à peine furent-ils arrivés dans leur chambre, qu'en un éclair, Marina se déshabilla et se jeta épuisée sur le lit, puis dans les bras de Morphée !

Paolo pensa que cette peste de Morphée disposait sans doute de plus d'un tour dans son sac !

Chapitre Quatorze

Son antique montre LIP affichait 9 heures 30 bien sonné lorsqu'ils se réveillèrent soudain, presque simultanément ; malgré l'heure tardive et les rayons du soleil qui s'infiltraient à travers le moindre interstice, un silence « religieux » régnait dans l'hôtel… mais quoi de plus normal un dimanche matin !

– Bonjour douce et tendre Marina !

– Bonjour Paolo chéri ! Quelle heure est-il ?

– Bien tard, pour une honnête fille ! À propos, j'ignorais votre attirance pour le sexe féminin.

– Comment… ?

– Hier soir, vous avez préféré les bras de Morphée, à ceux plus enviables d'un bel homme.

– Vérifiez immédiatement vos chevilles, Paolo ! Ne seraient-elles pas, un tantinet, enflées ?

– Trêve de plaisanterie, je vais certainement devoir me rendre à Ajaccio en fin d'après midi.

– Dans ce cas, je me propose de vous y conduire et de vous déposer là où vous le souhaitez ; puis de vous reprendre en fin de journée à l'heure qui vous convienne. J'ai une amie à visiter.

– De mon côté, je désire aller voir mon amie Francine : elle vient d'être hospitalisée au CHU d'Ajaccio.

– Tout se conjugue pour le mieux, mon amie est malade et se morfond, elle aussi, à l'hôpital.

– Alors, c'est d'accord, jamais je n'ai connu de chauffeur aussi séduisant.

– Ne vous réjouissez pas trop ! Vous pourriez vite le regretter…

– Pourquoi ? Conduisez vous aussi mal que cela, Marina ?

– Tout est relatif, Paolo, tout est relatif !

– Vous en faites des mystères…

– Paolo chéri, que diriez-vous d'un solide petit-déjeuner auprès d'une ravissante « marina » ?

– Eh bien, qu'il vaut toujours mieux se complimenter soi-même ! J'appelle la réception…

– N'en faites rien, Paolo… il s'agit de la ravissante marina de Pinarellu.

– Deux ravissantes Marina pour le prix d'une,… je suis preneur !

– Vous ne semblez d'une humeur bien enjouée ce matin !

– On le serait à moins après notre folle équipée d'hier !

– Nous pourrions peut-être monter jusqu'au col de Bavella et nous baigner dans les cascades, puis ensuite déjeuner à l'auberge du col : qu'en pensez-vous Paolo ?

– Le plus grand bien, Marina, je suis votre homme ! Quel itinéraire comptez-vous prendre ?

– Depuis la côte, deux départementales, toutes en virages et en lacets, permettent d'y accéder. À partir de Porto-Vecchio, la D368, bordée de châtaigniers et de pins, grimpe jusqu'à Zonza à travers la majestueuse forêt de pins du massif de l'Ospédale, dont le village du même nom offre en particulier une splendide vue panoramique sur l'ensemble du golfe de Porto-Vecchio.

Après le barrage de l'Ospédale, un petit sentier mène à la cascade de la « Piscia di Gallo » ; haute de 50 mètres, la cascade est parsemée de belles roches et de piscines aux eaux calmes, les torrents ayant au fil des siècles creusé dans la roche d'étonnantes « marmites de géant ».

Au Ponte Vecchiu situé au nord de Zoza, on peut descendre à pied en travers du Rizzanèse, afin d'y découvrir la belle cascade qui forme en aval deux extraordinaires piscines naturelles !

– Un bien alléchant programme à vous entendre…

– Mais pour monter au col de Bavella, il vaut mieux emprunter la D268, avec l'inconvénient des cochons sauvages qui très souvent jugent leur pitance meilleure de l'autre côté de bitume ! Mais cependant, c'est cet itinéraire qu'il faut emprunter tôt le matin afin de pouvoir bénéficier de l'ensoleillement le plus favorable et qui permet d'admirer la grande variété des paysages !

Depuis Solenzara, l'étroite et sinueuse route grimpe doucement vers les Aiguilles de Bavella, avec en aval, les nombreuses piscines naturelles de la rivière Solenzara et puis plus en amont, à 1218 mètres au passage du col de Bavella, les spectaculaires parois rocheuses des aiguilles, qui se nomment respectivement : « Punta di l'Acellu, di l'Ariettu, di u Pargulu et di a Vacca ».

– Vous m'impressionnez Marina ! Vous pourriez sûrement postuler à l'office de tourisme !

– Mais que croyez-vous, Paolo ! J'ai déjà exercé à l'Office de Tourisme de Porto-Vecchio !

Tout en devisant sur le côté parfois burlesque des personnes côtoyées au cours de leur soirée, ils se dirigèrent vers le parking privé du « Géant Hôtel ». Celui-ci abritant majoritairement des berlines de luxe, Paolo ne remarqua même pas la petite Clio parquée entre deux gros 4x4. Avant d'en ouvrir la portière, c'est tout juste s'il nota l'aspect carrément « tuné » du véhicule, cependant en pénétrant à son bord, il eut la sensation de s'installer dans une étrange machine, laquelle tenait à la fois du bathyscaphe et de la navette spatiale, n'ayant en tout état de cause que bien peu de chose à voir avec l'automobile de « monsieur-tout-le-monde » ! En s'y installant tel un cosmonaute, son corps se trouva quasiment immobilisé dans un profond siège baquet, coincé entre les appuie-tête, Paolo pouvait alors à peine tourner la tête vers la droite ou la gauche.

Elle l'aida à ajuster le harnais de sécurité en tout point similaire à celui d'un pilote de chasse ; et lorsqu'elle lui proposa, bien évidemment pour plaisanter, de revêtir un casque intégral, Marina ne put se retenir de pouffer de rire devant sa mine passablement déconcertée et ahurie :

– Je vais enfin pouvoir vous dévoiler le haut de mes jambes sans que vous ne vous sentiez obligé de me sauter dessus ! Ah j'allais oublier, en cas de besoin, les sacs en papier sont ici.

– Si vous voulez m'impressionner, alors bravo ! C'est réussi.

– Êtes-vous bien installé, Paolo chéri ?

– OUI ! Mais dites-moi dans quel monstre m'emmenez-vous ?

– Une simple Renault Clio Williams de groupe A, préparée pour la compétition, mais qui en réalité ne développe guère plus de 220 chevaux !

– Ah ! pas plus ? Cela me rassure, je n'éprouve déjà plus aucune appréhension ! dit-il ironique.

Marina bascula une série d'interrupteurs et parut satisfaite à l'allumage de trois voyants verts ; puis elle pressa un bouton, le moteur émit un feulement mélodieux, à la fois rauque et feutré, évoquant dès les premiers coups d'accélérateur la nervosité extrême et la puissance contenue...

L'inspecteur, comprenant alors que ça allait barder, se tassa un peu plus au fond de son siège ; la barrière rouge et blanche fermant l'entrée du domaine se rua vers eux et instinctivement, Paolo rentra la tête, impuissant, il se sentit aussitôt projeté vers l'avant, retenu par son harnais, puis l'instant d'après collé au siège quand la voiture reprit sa liberté en direction de Pinarellu :

– Bigre, cela promet ! réussit-il à bafouiller entre deux apnées, les doigts crispés sur les accoudoirs, le cerveau agressé par un orage de décibels et un déluge d'images non décodées !

Peu avant l'intersection avec la petite départementale D468 reliant Porto-Vecchio à Pinarellu, au rond-point dit de Calla Rossa, elle rétrograda en trois secondes de la sixième à la seconde, jouant du « talon pointe » et du double débrayage ; puis accéléra à fond vers Saint Cyprien…

La route étroite et sinueuse, succession de courtes montées, de descentes et de virages serrés, défila comme une vidéo en mode accéléré, à la différence près que Paolo transformé en vulgaire yoyo, éprouvait le même « g » ascensionnels que dans les ascenseurs du feu World Trade Center ! Malgré les creux et les bosses, le monstre de métal adhérait au bitume de manière diabolique et en véritable professionnelle Marina se jouait des obstacles avec décontraction et virtuosité.

Avant de mourir, Paolo tenta de réciter son acte de contrition ; mais comme tout un chacun, il dut une nouvelle fois se rendre à l'évidence que c'est précisément dans les instants difficiles que l'on en oublie les paroles : « Mon Dieu, je regrette… d'être monté dans cette voiture ! ».

Lorsqu'ils parvinrent à Pinarellu, l'inspecteur Paolo Ottari affichait une pâleur préoccupante, il resta un long moment silencieux et immobile, tétanisé, incapable de s'extraire de son siège :

– Écoutez Marina ! Si toute la journée, vous caressiez l'intention de rouler à ce « train d'enfer », jusqu'à Ajaccio, je préfère vous le dire tout de suite, je renonce à vous accompagner.

– Écoutez Paolo ! Allons prendre notre petit-déjeuner,… cela vous remettra de vos émotions…

*

*   *

Installés face à la baie sur la terrasse bleue et blanche, devant un thé et un café fumants accompagnés d'un panier de croissants frais, ils prirent alors le temps de contempler l'adorable panorama s'offrant à leurs yeux.

Le golfe de Pinarellu, serti entre une profonde pinède et une mer limpide aux reflets azuréens, n'avait rien à envier aux plus belles plages de l'île de beauté. D'ailleurs, lorsque la baie de granit rouge, gardée à son extrémité par un îlot couronné de sa vieille tour génoise, s'embrase au coucher du soleil, le spectacle est alors à son apogée : une invite à dîner sur les langoureuses terrasses sur pilotis qui bordent la charmante et pimpante marina de poche avec son frêle ponton en guise de port.

– Je présume que vous avez déjà participé à des compétitions automobiles.

– Eh oui Paolo, j'ai aussi eu une vie avant vous !

– Mais encore ?

– Pour ne rien vous cacher, durant trois ans j'ai été l'amie et le copilote de Séraphin Leube, plusieurs fois champion du monde de rallye automobile WRC. Et en ma qualité de copilote, quand j'effectuais la reconnaissance des circuits, Séraphin m'initiait au pilotage automobile ; ainsi la petite Renault Clio Williams nous servait à réaliser ce travail de préparation indispensable.

Séraphin est un être prodigieux ; à ses côtés je crois avoir parcouru tous les circuits du monde, j'ai même connu l'immense privilège de remporter avec lui le « Tour de Corse automobile ».

– Mais alors Marina, je ne comprends plus…

– Ne souhaitant pas continuer éternellement à écumer les circuits, nous nous sommes quittés.

– Comment aurais-je pu, une seule seconde, imaginer cela d'une femme aussi frêle que vous ?

– Piloter les bolides engagés dans les compétitions WRC ne requiert pas une force masculine, mais bien plutôt : une bonne dose d'apprentissage et de connaissances, un peu d'assurance, beaucoup de concentration, de l'endurance, et comme pour la danse, beaucoup de souplesse !

– Enfin Marina ! Ne preniez-vous pas d'énormes risques, démesurés et inconsidérés ?

– En réalité, pas exactement ! Des risques certains oui, mais toujours soigneusement analysés, évalués, puis calculés au plus juste, en fin de compte maîtrisés. Ne subsistaient que les aléas.

Malgré quelques sorties de routes, avec Séraphin jamais la peur ne pénétrait dans l'habitacle.

– Conduisez-vous en permanence aussi vite ?

– Non, avec un passager j'adopte une vitesse « modérée ».

– Ah bon… le pire reste encore à venir !

– Acceptez-vous de tenir le rôle de copilote ?

– Avec modération, Marina, avec modération.

– Alors en route pour Bavella !

– Que pourrait en dire la géniale hôtesse de l'Office de tourisme ?

– Que Bavella, situé à 50 km au nord-ouest de Porto-Vecchio et à 30 km au sud de Solenzara, est un haut lieu de la montagne corse, à la fois massif, col et forêt ; on ne saurait mieux qualifier une perspective aussi grandiose ! Fières, majestueuses, et sauvages, avec ses formes et ses couleurs insolites qui vont du rouge le plus clair au gris le plus sombre, les Aiguilles de Bavella, parsemées de forêts de pins « laricio », s'élancent droit vers le ciel.

Retenues à la terre par des écharpes de brume laiteuse et quelques nuages aux tons pastel, les Aiguilles de Bavella, avec ses pointes de porphyre pouvant atteindre 900 m de haut, sont aujourd'hui le repère privilégié des rares couples de Gypaètes Barbus et d'Aigles Royaux.

– Vous possédez tous les talents, Marina ! Je suis positivement ébloui !

À vitesse « modérée » jusqu'à Sainte Lucie, c'est-à-dire pas à moins de 140 kilomètres heure, puis à son grand dam, beaucoup plus rapidement jusqu'à Solenzara, sauf lors de la traversée des charmantes petites stations balnéaires de Fautea, Tarco, Favone, Canella et de Cala d'Oro, la route côtière panoramique rappelant celle de la moyenne corniche de Villefranche-sur-Mer, succession de virages en montée et en descente, fut avalée comme dans les montagnes russes !

Le cœur retourné certes, Paolo qui commençait un tant soit peu à s'accoutumer à ce rythme, accueillit toutefois avec soulagement la courte pause imposée durant leur passage à Solenzara.

– Marina, je n'exclus pas l'éventualité de devoir utiliser vos providentiels sacs en papier !

– Détendez-vous, il ne s'agit que d'un simple problème d'accoutumance, après tout ira bien. Tout comme Séraphin Leube, moi-même et beaucoup d'autres, vous découvrirez alors que, les conceptions humaines du temps, de la distance et de la vitesse étant tout à fait subjectives, les événements les plus imprévus peuvent se dérouler comme les images d'un film au ralenti.

– Élémentaire, mon cher Watson !

…

Depuis déjà un moment, trois motards de sinistre allure, revêtus de noir de la tête aux pieds, casque intégral, combinaison et bottes de cuir, et qui chevauchaient deux grosses cylindrées, s'évertuaient non sans difficulté à leur coller au train : pour la plus grande satisfaction de Marina.

– Les plus belles « marmites de géant » se situent juste là ! dit-elle en les pointant du doigt…

– Dieu soit loué ! J'ai hâte de pouvoir enfin me détendre en piquant une bonne tête !

Profitant du ralentissement de la Clio, une moto la doubla en effectuant une queue de poisson, puis elle freina soudainement, contraignant Marina à se déporter sur l'extrême bas-côté droit de la route. À l'instant même où le passager de la seconde moto parvenait à sa hauteur, en braquant posément un énorme pistolet muni d'un long silencieux, Marina retrouvant aussitôt ses solides réflexes de pilote, accéléra à fond pour forcer le passage ; ce qui leur sauva « in extremis » la vie !

– Sales cons ! Vous ne l'emporterez pas au paradis ! cria-t-elle, menaçante…

Mais Paolo n'eut guère le temps de s'enquérir plus avant sur la nature exacte de leurs menaces ; sous l'effet de la prodigieuse accélération, la voiture fit une embardée que Marina contrôla sans plus de difficulté ; le compte-tours s'affola et l'aiguille du compteur se mit à flirter dangereusement avec des vitesses très indécentes pour une route de montagne aussi escarpée…

Tels deux roquets enragés, les deux grosses cylindrées qui tentaient vainement de les rattraper ne semblèrent nullement inquiéter Marina ; alors que la voiture entamait une interminable succession de virages en épingle, sa totale assurance et son calme évident stupéfièrent Paolo.

Au détour d'un grand virage négocié à plus de 160 km/h, Paolo terrifié, vit surgir avec horreur une série de panneaux indicateurs marquant le début des travaux d'aménagement de la D268 sur 3 km ! Alors que le bitume s'effaçait d'un seul coup pour laisser place aux fondations de la chaussée, encombrée d'énormes machines de travaux publics et pour couronner le tout, en voie unique, Marina qui selon lui devait lever le pied, n'en fit rien, l'obligeant une nouvelle fois à se crisper contre son siège.

Dès lors, la trajectoire hasardeuse de la voiture, slalomant entre la paroi rocheuse et le ravin, et qui évoquait indéniablement celles prisées par tous les professionnels des sports de glisse, sema une panique compréhensible parmi les autochtones œuvrant sur ce chantier de la mort.

Aveuglée par la poussière et perdant toute adhérence, la moto de tête se coucha sur la route, puis elle effectua une longue glissade sur les cailloux pointus et coupants comme des lames, achevant de déchiqueter son conducteur désarticulé, avant de s'écraser contre un gros bulldozer !

Lorsque l'épais nuage de poussière opaque se dissipa enfin, à la vue des restes déchiquetés, tueurs et travailleurs en eurent le cœur littéralement soulevé ! Le chef de chantier perplexe, hésita entre appeler l'ambulance des services de secours ou directement les pompes funèbres.

Réalisant qu'elle n'était plus poursuivie, presque à regret, Marina finit enfin par lever le pied :

– Cela me rappelle le bon vieux temps ! dit-elle flegmatique et pas le moins du monde stressée, nullement perturbée par l'effroyable chevauchée qu'ils venaient de vivre à leurs risques et périls.

– Marina, si vous pouviez, dès que possible, vous arrêter discrètement : j'éprouve un besoin pressant !

– Allez donc vous soulager, Paolo ! Le rire ou la peur provoquent souvent la même réaction.

Décidément, cette gamine espiègle et impertinente ne perdait jamais une occasion de se payer sa tête…

– Sans oublier que nous avons toujours nos tueurs aux trousses. Quelle est la suite de notre programme, Marina ? s'enquit l'inspecteur Ottari après être remonté à regret dans la voiture :

– C'est raté pour la baignade, néanmoins, si ces incidents ne vous ont pas fait perdre l'appétit, afin de nous remettre de nos émotions, que diriez-vous d'un bon déjeuner au col de Bavella ?

– Excellent programme ! Côtoyer la mort m'ouvre en général toutes sortes d'appétits !

– Ah, vous me dévoilez enfin le véritable fond de votre nature, à la fois sensuelle et perverse !

– Peut-être bien, petite hypocrite, je vous promets d'y réfléchir longuement…

– Rassurez-vous, moi aussi, cela m'excite au plus haut point !

– Le contraire m'aurait étonné…

Malgré une vigilance assidue, tous leurs sens aux aguets, le déjeuner sous les tonnelles ombragées de l'accueillante auberge du col de Bavella leur offrirent un indispensable moment de détente.

Progressivement, des nuées de promeneurs et de randonneurs, affamés et harassés, envahirent la vaste terrasse ensoleillée afin de reprendre leurs forces autour d'une copieuse « assiette du montagnard », un assortiment de charcuteries, de fromages et de pomme de terre.

Le Massif de Bavella offrait aux marcheurs avertis, d'agréables parcours de sentiers escarpés et une nature généreuse toute à la fois riche, diversifiée et omniprésente. Les plus beaux panoramas sur les aiguilles se découvrent depuis le col de Bavella, en plein cœur du parc régional.

La curiosité géologique dite du « trou de la Bombe », facilement accessible, permet à l'ombre des pins, de côtoyer l'univers de la haute montagne. Avant de partir, un petit salut à Notre Dame des Neiges vous garantit une exquise balade des plus paisibles, comme en témoignent les milliers d'ex-voto qui s'entassent à ses pieds.

Ils venaient à peine de régler l'addition, lorsque soudain, se profilant non loin, ils aperçurent la grosse cylindrée noire des tueurs remontant au ralenti le dernier virage précédent l'auberge. Tournant la tête de part et d'autre de la route, le pilote et son passager scrutaient du regard les innombrables voitures garées en file indienne sur les bas-côtés, dans l'anarchie la plus totale.

Paolo et Marina eurent juste le temps de quitter la terrasse et de regagner leur Clio Williams ; le démarrage en trombe de la petite bombe tonitruante, dans un crissement de pneumatiques, alerta les nombreux clients encore attablés, dont certains applaudirent même la performance. Mais trop tardivement, car aussitôt les deux « heaven's devils » exterminateurs leur refilèrent le train et l'effroyable course-poursuite reprit de plus belle : cette fois beaucoup plus redoutable que jamais !

– Ne vous inquiétez pas ! Pour moi ce n'est que du gâteau ; je peux parcourir la D268 les yeux bandés.

Bien que souhaitant de tout cœur qu'elle ait raison, cet exercice ne lui semblait pas essentiel.

Trois virages plus bas, Marina repéra un énorme camion remontant laborieusement la pente :

– Il va bien falloir en finir une fois pour toutes avec ces connards ! Cramponnez-vous Paolo !

– Euh…

Pour être cramponné, l'inspecteur Ottari ne pouvait pas plus être cramponné qu'il ne l'était ! À la sortie du virage en épingle, horrifié, il vit soudain surgir, au beau milieu de la route, la calandre d'un monstre d'acier ; il eut pourtant le temps de noter le visage hagard de son chauffeur.

Marina donna un brusque coup de volant vers le ravin, la voiture oscilla sur les roues gauches, puis se redressa tout aussi rapidement ; un bref instant, Paolo sentit la roue avant droite flotter dans le vide, enfin la voiture effectua une légère embardée derrière le camion : vite maîtrisée…

Derrière eux, ils entendirent plus qu'ils ne virent, le son d'un moteur s'emballer dans le vide, puis deux motards s'élancer dans les airs pour leur ultime et dernier envol sans espoir de retour, « De profondis, ad vitam æternam ».

Néanmoins Paolo et Marina ne prirent même pas la peine de s'arrêter un instant pour se signer et vérifier les conditions exactes de leur dernière demeure.

– Voilà où mène l'amateurisme ! déplora cyniquement Marina.

– Dorénavant, je vous prierais de ne plus dépasser la vitesse réglementaire !

– Ok Paolo ! Mais en l'occurrence, j'ai trouvé cette « spéciale » plutôt utile. Pas vous ?

– Marina, ôtez-moi d'un doute ! Est-ce une illusion, ou la roue avant était-elle dans le vide ?

– Le transfert de charge, Paolo ! La conduite réside dans la maîtrise des transferts de charge.

– Il ne s'agissait donc pas que d'une impression ?

– Non, ce qui nous a bel et bien sauvé la vie !

– J'en ai encore froid dans le dos !

– J'éprouve une sorte de lassitude à fuir vos tueurs, Paolo ! À Zonza, je vous passe le volant.

– Compte tenu de mon âge…avancé, j'ai suffisamment enduré d'épreuves pour aujourd'hui !

– Vous auriez bien tort de refuser, Paolo, vous risquez de vous amuser comme un petit fou…

À Zonza, malgré son appréhension, Paolo se mit au volant du petit bolide et prit sa première leçon de conduite sportive au côté du plus charmant moniteur que la terre n'ait jamais porté !

Emprunter la pittoresque D420, étroite et zigzagante, permettant, à Petreto-Bicchisano, de rejoindre la nationale d'Ajaccio, via Quenza, Aullène et puis enfin le col de Saint-Eustache, ne souffrait pas la moindre erreur de pilotage, une seconde d'inattention et votre automobile basculait au fond du ravin !

Néanmoins, Marina lui apprit vite à positionner correctement la voiture en entrée de virage, c'est-à-dire au bon emplacement, sous le bon angle, à la bonne vitesse et sur le bon rapport ; toutes choses qui selon elle s'avéraient encore le moyen le plus sûr d'en sortir indemne.

Il découvrit que pour aller vite, paradoxalement il lui fallait apprendre à freiner et rétrograder : pour réaliser un bon chrono, le freinage comptait autant, si ce n'est plus, que l'accélération.

Paolo se prit vite au jeu au point que, par prudence, Marina dut parfois modérer ses ardeurs :

– On ne se laisse pas griser, Paolo ! On lève sagement le pied…

Chapitre Quinze

Lorsque l'inspecteur Paolo Ottari contourna l'aéroport d'Ajaccio, il n'était pas loin de 17 h 30.

Quelques instants auparavant, l'imposant Boeing 747 d'Air France en provenance de Paris-Orly venait de virer à l'aplomb de la radiobalise des Sette Nave, juste à la pointe de l'adorable presqu'île d'Isolella en survolant les flots bleus du plus vaste et plus profond golfe de la Corse.

Dans un épais nuage de poussière, le titanesque appareil se posa à l'entrée de piste de l'aéroport Campo Dell'Oro[25], ne manquant pas d'attirer les regards d'automobilistes de passage, sans nul doute fasciné par l'impression de puissance et d'aisance du monstre volant d'aluminium…

À son bord, trois des plus redoutables agents « exterminateurs » de la guerre antiterroriste, quoique d'allure pacifique, singulièrement armés jusqu'aux dents, s'apprêtaient à débarquer dans la plus totale discrétion. Personne ne risquait en effet de leur prêter la moindre attention au milieu de la foule

25. Le « champ d'or » en référence aux champs de blé du temps passé !

heureuse et bruyante des vacanciers, et des touristes de toutes nationalités.

Leur mission : envoyer par le fond, un chalutier italien et la totalité de son équipage, jugés inopportuns !

Les encombrements du cours Napoléon le contraignant à progresser à la vitesse d'un escargot, Paolo ne manqua pas de caler à plusieurs reprises, au grand bonheur de Marina. Il s'engouffra dans la courte avenue Beverini Vico pour rejoindre celles, plus larges et verdoyantes, de Napoléon III et de l'Impératrice Eugénie.

Se garer un dimanche après-midi au Centre Hospitalier « Notre Dame de la Miséricorde » n'était guère une sinécure ; avec la plus grande difficulté et après mille et une contorsions, Paolo parvint à s'extraire du véhicule par la portière droite, tout en se disant qu'au retour et par la force des choses, Marina, heureusement beaucoup plus mince que lui, prendrait le volant. Avant de se séparer, ils convinrent de se donner rendez-vous sur ce même parking, au plus tard vers 8 heures 1/2.

Parvenu à la réception, Paolo s'enquit auprès d'une hôtesse, qui s'avéra affable et souriante, de la localisation des urgences dans le labyrinthe des services, inextricable pour un néophyte.

À partir de là, il réussit, sans trop de difficulté, à se rendre au service accueil des urgences :

– Bonjour Madame ! Je recherche Madame Baissett, hospitalisée d'urgence, hier après-midi.

– Une seconde, je vous prie ! J'ai une Francine Baissett, évacuée par l'hélicoptère du SAMU, admise au service réanimation où elle se trouve toujours ; ce service se situe au second étage.

Pour son numéro de chambre, renseignez-vous auprès du bureau des infirmières de l'étage.

– Merci beaucoup !

Le rez-de-chaussée diffusait les fragrances d'effluves médicinales bien spécifiques aux hôpitaux ; les grands ascenseurs réservés au personnel charriaient des flux intermittents d'hommes et de femmes en blanc, l'air affairé et pressé ou brancardant des malades sur leur fauteuil roulant. Quant aux deux seuls ascenseurs à l'usage des « visiteurs », dont l'un affichait « en panne », le seul encore disponible fonctionnait avec peine, chargeant et déchargeant sporadiquement la horde des amis et des familles venue accomplir leur rituelle visite dominicale aux malades…

Vite découragé, après quelques minutes d'attente, Paolo entreprit de gravir quatre à quatre les marches du triste escalier de service vert « épinard » qui l'amena, essoufflé, au second étage.

Alors qu'il se dirigeait d'un pas empressé vers le bureau, il croisa une infirmière d'âge mûr ; compte tenu de son air sévère emprunt d'autorité, il supposa qu'il s'agissait de l'infirmière en chef :

– S'il vous plaît Madame, pouvez-vous m'indiquer la chambre de Madame Francine Baissett ?

– Désolé cher Monsieur, mais Madame Baissett n'est absolument pas visible pour le moment, du moins certainement pas avant une bonne heure et demie ! Seriez-vous un parent proche ?

– Non, je ne suis qu'un simple ami intime de Francine Baissett ! Mais auriez-vous l'amabilité, chère Madame, de lui faire savoir que son ami Paolo Ottari est venu et souhaite la voir instamment ?

– Ah ! Dans ce cas, excusez-moi Monsieur, mais je pense qu'il y a un léger souci à ce propos. Le mieux serait encore que vous ayez un entretien préalable avec le médecin chef en personne. Je vous prie de bien vouloir attendre ici un instant, je vais de ce pas aller le chercher, ce ne sera pas long.

– Bien… j'attends Madame !

À son air soudainement pincé, l'inspecteur perçut la marque évidente d'un profond malaise…

Sa désagréable impression se confirma lorsqu'il vit s'avancer vers lui le médecin responsable du service affectant à son égard une attitude condescendante et ostensiblement désobligeante :

– Je suis le Docteur Delannus ! Je remplace provisoirement le responsable de la réanimation pendant toute la durée de ses vacances. À qui ai-je l'honneur ? l'interrogea-t-il d'un ton sec :

– Paolo Ottari, un ami de Madame Baissett ! répondit-il laconiquement.

– Dans ce cas monsieur, veuillez me suivre dans mon bureau.

De façon inexplicable, les circonstances prenaient une tournure de plus en plus déplaisante…

– Que se passe-t-il Docteur ?

– Monsieur ! Comment avez-vous encore l'impudence de me demander ce qui se passe ? Et bien voici ma réponse monsieur ! Apprenez qu'à la demande même de Madame Baissett, qui vient de déposer une plainte contre « x » pour viol aggravé et tentative de meurtre, une enquête a enfin été ouverte. Les gendarmes d'Ajaccio recueillent en ce moment même sa déposition.

– Mais enfin Docteur ! Qu'est ce que c'est que toute cette histoire ridicule… abracadabrante ?

– Quoi qu'il en soit, je ne crois pas qu'elle souhaite vous rencontrer Monsieur, et j'en suis même tout à fait certain.

Madame Baissett ayant subi un violent traumatisme est toujours actuellement en état de choc, et nous envisageons son transfert au CHU de Marseille dès que son état de santé le permettra.

– Écoutez Docteur, il suffit ! Je n'ai strictement rien à voir avec son hydrocution accidentelle.

– Vous savez parfaitement qu'il ne s'agit pas d'un accident, encore moins d'une hydrocution, et en tout état de cause, je vous conseille vivement de prendre contact avec la Gendarmerie ; je m'en vais d'ailleurs sur le champ signaler aux enquêteurs votre présence ici même.

Au plaisir de ne plus vous revoir Monsieur ! lui jeta-il en lui tournant subitement les talons.

Ne lui accordant pas la moindre occasion d'éclaircir cette stupide méprise, et en ne lui permettant pas de s'expliquer, le carabin « trou-du-cul serré » laissa l'inspecteur Ottari littéralement suffoqué. En proie à une « colère noire », il se mit à arpenter nerveusement les couloirs du service à la recherche de la chambre de son amie Francine ; quand une infirmière plus affable le renseigna :

– Madame Baissett occupe la chambre 248, vous êtes pratiquement devant sa porte Monsieur.

– Merci beaucoup, Madame, vous êtes bien aimable ! lui répondit-il, soulagé de constater qu'il existait encore des êtres humains capables de lui adresser quelques propos bienveillants.

La perspective de devoir attendre une heure et demie debout dans ce sinistre corridor d'hôpital lui parut en tout point insupportable et ne fit qu'accroître son impatience et son exaspération ; n'ayant guère d'autre choix, il dut s'y résoudre en espérant ne pas revoir « trou-du-cul serré » ; ce qui, par la grâce du ciel, lui fut néanmoins épargné jusqu'au terme de sa pénible attente…

La porte s'entrouvrit une première fois avec hésitation, permettant ainsi à Paolo de percevoir quelques bribes de voix assourdies, dont celles très affaiblies de Francine ; enfin elle s'ouvrit en grand sur les enquêteurs de la gendarmerie : un lieutenant flanqué d'un sous-lieutenant ! Francine, le visage tourné vers l'embrasure de la porte, l'aperçut avant même qu'il puisse s'interposer :

– Non, pas lui ! Non, pas lui, pas lui, non ! hurla-t-elle en se détournant comme une possédée, en proie à une véritable crise d'hystérique ; laquelle le laissa sans voix, totalement abasourdi.

– Que se passe-t-il, Monsieur ! Qui êtes-vous ? S'enquit le lieutenant en refermant la porte…

– Suis… Paolo Ottari… ami ! bredouilla-t-il pour toute réponse en blêmissant sous le choc.

– Monsieur, veuillez s'il vous plaît nous suivre à la gendarmerie sans opposer de résistance…

À vrai dire Kafka, le grand maître tchèque de l'absurde, n'aurait pas fait mieux en la matière ; honteusement, encadré des deux fonctionnaires de l'ordre, l'inspecteur Ottari prit le chemin de la sortie sous le regard réprobateur et suspicieux du personnel hospitalier et des visiteurs.

On l'installa sans plus de ménagement sur le siège arrière de la traditionnelle fourgonnette bleue portant sur chacun de ses flancs une inscription « GENDARMERIE » en lettres blanches, et le véhicule démarra en trombe en émettant des « pin-pon » qui ameutèrent tout le quartier. Au point de vue de la discrétion, on ne pouvait guère mieux traiter un dangereux malfaiteur…

Fort heureusement, Paolo n'eut à endurer cette pénible épreuve que durant quelques minutes, au terme desquelles il fut finalement introduit dans un bureau pour y subir un interrogatoire :

– Asseyez-vous Monsieur, car notre entretien risque fort de durer, disons un certain temps.

– Certes, mais à huit heures et demie précise, je dois impérativement être de retour à l'hôpital.

– J'ose espérer, Monsieur Ottari,… que vous n'allez pas à nouveau visiter Madame Baissett ?

– Non, j'ai simplement rendez-vous avec une amie qui m'attend pour retourner à Calla Rossa.

– Si vous vous montrez coopératif, ça doit pouvoir se faire. Cela ne dépend que de vous !

– Bien, alors commençons ! Mais pourquoi suis-je ici ? Que désirez-vous savoir exactement ?

– Vos nom et prénom ?

– Ottari, Paolo ! Ce sera tout ?

– Vos date et lieu de naissance ?

– Le 11 mai 1945 à Marseille.

– L'adresse de votre domicile ?

– 115, rue Laborde à Paris (8e).

– Votre lieu de résidence en Corse ?

– Je séjourne depuis deux jours au « Géant Hôtel » de Cala Rossa.

– Excellent choix… si vous en avez les moyens ! Et auparavant ?

Ce genre de réflexion parfaitement déplacée commença à exaspérer Paolo au plus haut point :

– À Saint Cyprien, à la résidence « Les Nacres ».

– Étiez-vous en location ?

– Non, chez un ami anglais, Sidney Sireton.

– Sans indiscrétion, pourquoi ce changement ?

– Mon ami reste introuvable depuis jeudi soir. Ne disposant pas des clés de son appartement, j'ai dû me résoudre à me rabattre sur cet hôtel. À cette heure-là, que pouvais-je faire d'autre ?

– Ah, en effet, très intéressant ! Pourriez-vous développer ?

– Nous étions en déplacement sur l'île Cavallo, lorsque Sidney a disparu au cours de la soirée.

– Tiens, comme par hasard ! Et par la même occasion, si je ne me montre pas trop indiscret, n'auriez-vous pas rendu une petite visite de courtoisie à cette malheureuse Madame Baissett ?

– Oui, c'est exact ! Il s'agit d'une amie.

– Quelle est la nature exacte de vos relations avec elle ?

L'indélicatesse et l'insolence de cet arrogant fonctionnaire eurent tôt fait d'indisposer Paolo :

– Francine est avant tout une amie… de longue date ! Cette réponse vous convient-elle ?

– Je n'en doute pas, mais encore ! Pourriez-vous me préciser l'objet de votre visite ?

– Je désirais qu'elle m'éclaircisse sur un certain nombre de choses.

– A-t-elle complètement répondu à vos attentes ?

– Oh, je crois que oui !

– Ces éclaircissements vous ont-ils semblés, disons… agréables à entendre ?

– Je dirais plutôt… quelque peu perturbants !

Le lieutenant de gendarmerie arbora un sourire entendu :

– Je vois ! Dites-moi monsieur Ottari ! Qu'avez-vous fait exactement ce jour-là ?

– Accompagné de Sidney, j'ai rendu visite dans le courant de la matinée au Général Samovar !

– Mais encore… ensuite ?

– Je me suis rendu seul au domicile de Francine Baissett.

– Continuez Monsieur Ottari, je vous écoute !

– Nous avons déjeuné, puis passé l'après-midi ensemble.

– Est-ce bien tout ce que vous avez fait ce jour-là ?

– Oui ! Je l'ai quittée pour aller retrouver Sidney Sireton !

– Qui avait lui disparu… comme cette histoire est étrange !

– Je m'inquiète pour lui… il s'agit peut-être d'un enlèvement.

– N'avez-vous rien signalé à la gendarmerie de Porto-Vecchio ou celle de Lecci ?

– Non, mais que leur dire en effet ? Qu'il ne donnait plus signe de vie depuis 48 heures ? Admettez gendarme, que c'eut été un peu mince et vraiment peu crédible comme déclaration !

Froissé par sa réponse, le lieutenant moustachu ne put s'empêcher de montrer des signes d'exaspération :

– Au fait, nous nous égarons ! Je ne vous ai pas encore demandé quelle est votre profession ?

– Enquêteur… un peu comme vous, lieutenant.

– Journaliste ou pour le compte d'une assurance ?

– Je travaille dans le renseignement ;

– Pour le compte d'une agence de détectives privés ?

– Non, pour un service de renseignement.

– Pourriez-vous donc me préciser lequel ?

– Non ! Je ne suis pas en mesure de vous le préciser.

– De quel organisme de tutelle dépendez-vous ?

– D'aucun organisme de tutelle en particulier.

– Tout cela n'arrange pas nos affaires, vous en conviendrez !

– Certes Lieutenant, j'en conviens, j'en conviens !

– Dites-moi au moins auprès de qui rapportez-vous ?

– Au plus haut niveau de l'État français.

– Admettez que cela reste toujours confus et bien vague !

– Disons des Ministères, de l'Intérieur et des Affaires Étrangères.

– Revenons à nos moutons ! Par la suite, avez-vous revu Madame Baissett ?

– Oui, c'est exact ! Je me suis rendu à nouveau samedi à son domicile.

– Encore d'autres… éclaircissements, peut-être ?

– En l'occurrence, non !

– À quelle heure exactement, monsieur Ottari ?

– Je suis arrivé chez elle vers 13 heures 30 !

– Vers 13 heures ou à 13 heures 30 ?

– 13 heures 30 précise, je venais de consulter ma montre.

– Quelle heure est-il ?

– Pardon… !

– Je vous demande, quelle heure indique votre montre ?

– Voyons, 19 heures 10 ! Pourquoi ?

– Elle fonctionne donc correctement, c'est tout.

– Je ne comprends pas bien où voulez-vous en venir ?

– Donc, vous êtes arrivé à 13 heures 30 précise et ensuite ?

– Oui, j'ai découvert Francine à proximité de sa piscine, faisant sa sieste, allongée dans l'herbe ; c'est du moins ce que je croyais, jusqu'au moment où les trois médecins du SAMU firent soudainement irruption chez elle ! Le choc fut terrible pour moi, je ne comprenais plus rien…

– Et alors… ?

– La suite reste confuse car une série d'étourdissements et de vertiges m'assaillirent aussitôt. Totalement bouleversé, au bord du malaise, l'émotion me plongea dans un état de prostration qui se prolongea bien après le départ de l'équipe médicale ; j'étais dans un trou noir, effondré !

– Oui, bon ! Ce n'était quand même pas vous le patient qu'il fallait évacuer de toute urgence ! Et après ?

Le ton agressif et les remarques malveillantes du fonctionnaire militaire insupportaient Paolo :

– Je me suis endormi ! Sans doute épuisé par le stress violent que je venais de subir…

– Vous me parlez toujours de vous, Monsieur Ottari ! Vous ne me paraissez pas beaucoup affecté par les épouvantables épreuves morales et physiques endurées par Madame Baissett !

– N'en croyez rien ! Je suis beaucoup plus affecté par le malheur qui la frappe que vous ne semblez vouloir le penser ; et j'éprouve une insupportable souffrance à cette seule évocation.

– C'est bien ce que je vous disais… Monsieur Ottari ! Enfin bref, revenons à nos moutons ! Votre amie Francine est plongée dans le coma, entre la vie et la mort, et pendant ce temps-là, vous ne songez qu'à dormir ! Mais alors expliquez-moi, comment en de telles circonstances trouvez-vous encore le moyen de parvenir à dormir ? Car personnellement cela me serait impossible !

– À nouveau, vous me faites un procès d'intention, Lieutenant ! C'est insupportable à la fin…

– Répondez-moi, c'est tout !

…

L'arrogance faussement obséquieuse de ce petit « pète sec » imbu de sa personne, finassant prétentieusement en n'arrêtant pas de vouloir à tout prix jouer au chat et à la souris, indisposait sérieusement l'inspecteur Ottari au point qu'il se sentit au bord de l'explosion.

– Il me semble pourtant vous l'avoir déjà clairement expliqué et je n'ai rien à ajouter de plus. Beaucoup plus tard, après avoir repris mes esprits, je suis directement retourné à Calla Rossa.

– Quelqu'un peut-il en témoigner ?

– L'hôtesse d'accueil du « Géant Hôtel », avec laquelle j'ai précisément rendez-vous ce soir, et qui ne va pas tarder à s'impatienter si cet interrogatoire se prolonge encore indéfiniment.

– En l'occurrence, rien ne vous empêche de l'appeler, je ne m'y oppose pas Monsieur Ottari. À vrai dire, pour ne rien vous cacher, je souhaiterais même m'entretenir un instant avec elle.

– Comme vous voudrez, Gendarme ! Si vous le permettez, je souhaiterais l'appeler tout de suite.

– Je vous en prie, faites, Monsieur Ottari ! Prenez tout votre temps, je reviens dans un instant.

…

– Allô Marina… c'est Paolo !

– Oui, où es-tu ?

– Écoute, j'ai quelques soucis avec la maréchaussée ! Peux-tu me rejoindre à la gendarmerie, elle se situe route du Vittulo dans le prolongement de l'avenue du Colonel Colonna d'Ornano, à quelques minutes seulement du centre hospitalier.

– Oui, bien sûr Paolo ! Que se passe-t-il donc, rien de grave au moins ?

– Je t'expliquerai plus tard, mais je suis vraiment impatient de te voir.

– Ok, j'arrive ! Alors à tout de suite…

…

Sans que le lieutenant ne réapparaisse, l'inspecteur Ottari patientait depuis plus d'une heure et tout cela ne lui plaisait guère. Savoir Marina mêlée à cette histoire qui ne la concernait pas, surtout après les effroyables péripéties d'aujourd'hui, ne faisait qu'ajouter à son inquiétude. Quelle que soit la tournure des événements à venir, personne, quand bien même elle le pourrait, n'accepterait de se porter garant de son intégrité, ni même de cautionner ses activités occultes. Complètement piégé, Paolo se voyait dans l'impossibilité de pouvoir justifier quoique ce soit ; ne pas jouir d'une fonction officielle constituant un des inconvénients majeurs de son métier.

Dès son apparition, malgré le devoir de réserve lié à ses fonctions, le lieutenant tomba aussitôt sous le charme de Marina sans parvenir à dissimuler totalement son trouble et se mit à rougir :

– Quel âge avez-vous, Mademoiselle ?

– Vingt-huit ans !

– Parlez-moi de Monsieur Ottari, Mademoiselle ! Quelles relations entretenez-vous avec lui ?

Feignant de ne pas avoir remarqué son émoi, Marina en profita pour lui enlever tout espoir :

– À vrai dire Monsieur, j'aime Paolo et cela depuis le tout premier instant de notre rencontre.

– Ah bien, bien ! Je suppose donc que vous connaissiez Monsieur Ottari depuis longtemps ?

– À vrai dire non, Monsieur, seulement depuis vendredi, lors de sa venue au « Géant Hôtel ». Je ne le connaissais pas jusqu'à ce soir-là, où il pénétra dans le hall d'accueil tel un clochard, dans un bien triste état ! Il faisait vraiment pitié à voir, trempé jusqu'aux os, maculé de boue des pieds à la tête, tout comme s'il venait de lutter dans la gadoue ; je pense qu'il avait honte.

– Et de quelle manière s'est-il présenté à vous ?

– Il m'a montré sa carte de commissaire de police, je crois me souvenir, du SRPJ de Marseille !

– En effet, bigre ! Décidément je vais de surprise en surprise : cela a de quoi impressionner !

– Ce soir-là, vous a-t-il alors confié quelque chose de particulier ?

– Il semblait plutôt désemparé, épuisé, il recherchait l'un de ses amis, Sidney Sireton je crois. En outre, il se faisait apparemment ce soir-là, beaucoup de soucis pour son amie Francine, une ancienne collègue de travail d'après ce que j'ai cru comprendre, qu'il estimait menacée.

– Ah bon ! Intéressant en effet ! Quoi d'autre ?

– Je ne crois pas vous révéler un grand secret, car lui-même a sûrement déjà dû vous en parler, je sais que Paolo travaille en réalité pour le compte des services de renseignements français.

– Allons donc… ! Mais au risque de vous décevoir Mademoiselle, pour se rendre intéressant, sachez, il est assez fréquent qu'un homme se passe passer pour un agent des services secrets.

Malgré cela, pourquoi pas après tout… et vous-même, qu'en pensez-vous, Mademoiselle ?

– À en croire ce que j'ai vécu aujourd'hui même, cela ne fait absolument aucun doute !

– Vous me mettez l'eau à la bouche, Mademoiselle ! Mais encore ?

– Sur la route de Bavella, trois motards armés ont tenté de nous assassiner ! Quand je dis nous, il s'agissait à mon avis plutôt de Paolo. En tout cas, j'ai bien vu le pistolet braqué sur nous ! Nous n'avons dû notre salut qu'en prenant la fuite à deux reprises : j'ai vraiment eu très peur !

– Certes… je comprends Mademoiselle. Mais comment pouvez-vous en être aussi certaine ? En réalité, ces trois motards, disons quelque peu « immatures », je vous le concède volontiers, ne jouaient-ils pas tout bonnement à vous effaroucher avec un calibre factice en plastique… dans ce cas, bien entendu, sans qu'un quelconque lien avec Monsieur Ottari puisse être avéré ?

– Non Monsicur, le doute n'est pas permis ! Compte tenu de la brutalité de leurs agissements, il s'agissait bel et bien d'une véritable tentative d'assassinat, exécutée en bonne et due forme ! Nous ne devons la vie sauve qu'aux reprises foudroyantes de ma puissante Renault Williams, et sans vouloir me vanter, peut-être aussi à ma grande pratique de la compétition automobile.

– Ah bon… vraiment ?

– Oui Monsieur, vraiment ! Et je défie quiconque de parvenir à me suivre en voiture ou même en moto ; fort heureusement dans ce domaine, ces voyous ne risquaient absolument pas de m'inquiéter.

…

– Mais peut-être pourriez-vous enfin m'expliquer précisément les raisons de cet interrogatoire ?

– Certes Mademoiselle, ces quelques précisions s'avéraient indispensables pour mon enquête. Mais j'y arrive ! Je ne vous cacherai donc pas que le cas de votre ami est suffisamment grave pour, dans les heures qui viennent, justifier sa mise en examen auprès du Parquet d'Ajaccio.

– Comment ???

– Oui Mademoiselle, son amie Madame Baissett, si tant est qu'il puisse encore s'en prévaloir, vient de porter plainte contre Monsieur Paolo Ottari, pour viol aggravé et tentative de meurtre ; et tout me laisse à penser que, dans cette pénible affaire… sa culpabilité ne fait aucun doute.

Afin de nous permettre de parfaire notre enquête, je me verrai donc, incessamment sous peu, dans l'obligation de lui annoncer son maintien en garde-à-vue pour 48 heures. Tout cela bien sûr, jusqu'à la décision du Parquet.

– Monsieur, permettez-moi de vous dire que vos propos me semblent quelque peu surréalistes, et sans vouloir vous offenser, avec tout le respect que je vous dois, voire même

« kafkaïens » ; en mon âme et conscience, vous vous dirigez tout droit vers une regrettable erreur judiciaire.

– Malheureusement Mademoiselle, tout comme vous, je connais mes capacités et mon métier ! Et je défie quiconque de pouvoir me donner des leçons en remettant en cause le bien fondé de mes investigations !

Malgré le sourire de circonstance de plus en plus crispé arboré par le gendarme moustachu, alors que l'entretien tournait au vinaigre, Marina ne put se retenir de le questionner à nouveau :

– Mais dans ce cas Monsieur ! Pouvez-vous me fournir un début de preuve de sa culpabilité ?

– Voyez-vous, l'emploi du temps de Monsieur Ottari ne fait que corroborer les propres déclarations de la victime.

Croyez-moi, chère Mademoiselle ! À l'avenir, vous feriez mieux d'éviter de le fréquenter… Je vous dis cela dans votre seul intérêt, mais aussi et surtout pour votre sécurité personnelle ; d'ailleurs, et jusqu'à nouvel ordre, je vous demanderai de ne plus approcher Monsieur Ottari.

– Bien Monsieur ! Est-ce tout ?

– Oui Mademoiselle ! Du moins pour le moment, vous pouvez donc disposer. Au revoir Mademoiselle…

Tout en s'avouant ébranlée par la conviction dont lui avait témoigné le lieutenant, Marina regretta de ne pas être autorisée à s'entretenir avec Paolo à la fin de son entretien. Profondément perturbée par ce qu'elle venait d'entendre, des larmes lui montèrent aux yeux :

– Se pouvait-il vraiment qu'il ait pu l'abuser à ce point ? Cela ne lui ressemblait guère.

Pourtant, sournoisement, le doute commençait malgré tout à s'insinuer au plus profond de son esprit.

– Durant les trois années de leur vie commune, Séraphin, LUI, ne l'avait jamais trompée…

Chapitre Seize

Terrassé par la fatigue accumulée, il s'écroula sur le ciment de la paillasse et plongea dans un profond sommeil. Elle s'adressa à lui d'une voix qui lui était familière : « Vois ce que tu as fait de toi, Paolo ! »…

Tous deux s'opposaient : le mur noir se rapprochait et le voile blanc disparaissait ! Inexorablement, la pureté immaculée de son âme encore juvénile s'envolait au vent, elle se faufilait subrepticement, évanescente, s'atténuait, l'abandonnant peu à peu à l'exiguïté de ce sinistre goulet ; là où tout devenait gris !

Tout au fond, il pouvait à peine distinguer un trou béant, au moindre geste, il y serait emporté ! La force maléfique l'envahissait, telle un tourbillon, lui arrachait le cœur et mutilait son corps. Il devait sans relâche, affronter les innombrables obstacles gris qui tour à tour le menaçaient, endurer sa vertigineuse chute dans cet abominable néant ; et cela vraisemblablement jusqu'à l'anéantissement final ! Au fil du temps, chaque obstacle noircissait et durcissait ; le mur noir le rattrapait ; il le pressentait rêche au toucher, désagréable à l'odeur et murmurant d'horribles sonorités ; lui ôtant tout désir de survivre, et juste l'envie de mourir ! Distillant son mortel venin, un énorme désespoir l'envahit, paralysant tous ses sens. À quoi lui servirait-il de se battre, puisque bientôt, il n'éprouverait définitivement plus rien ?

Se sentant perdu à tout jamais et prêt à renoncer à la vie, accablé par la certitude de sa propre incapacité à rebondir, il alla même jusqu'à imaginer qu'il pouvait être trop tard. Au cours de ces sombres instants tout lui semblait si élevé, si lointain, dès maintenant il croyait atteindre le mur noir.

...

Il réalisa soudain que l'envol du voile blanc, qui semblait devoir lui échapper en s'élevant vers le ciel, n'était qu'une trompeuse illusion ; que lui seul s'enfonçait, s'étouffait de lui-même, et qu'à cause de cela, il sombrait corps et âme.

...

Alors l'angélique voix féminine s'éleva :

« Mais enfin Paolo ! À ton âge ! Tu n'es plus un gamin, alors ne te laisse pas emporter par ces forces maléfiques ; il te faut lutter ! Prends garde à ne jamais baisser les bras ; si tu ne te sens plus aimé, peu importe, il te faut survivre ! À ton tour Paolo, ignore les autres, deviens le plus fort ; ne t'afflige pas de ce qu'ils pensent, ne te préoccupe pas de ce qu'ils font ; n'oublie jamais que l'important ici-bas, l'essentiel, c'est toi-même : Toi et exclusivement Toi ! ».

Tel un zombi, l'inspecteur Ottari se réveilla pour la troisième fois sur sa couche de béton. Passablement abruti et épuisé, grelottant de froid, perclus de courbatures des pieds à la tête ; le confort plus que spartiate des geôles de la république n'arrangeait guère ses rhumatismes...

Il lui fallait combattre de toutes ses forces contre une effroyable sensation de claustrophobie qui l'assaillait ; une odeur tenace, mélange de désinfectant et d'urine, imprégnait tous ses vêtements ; il se sentait sale et hirsute, et privé du minimum de dignité humaine, déjà coupable…

Soigneusement dépouillé de tout la veille, cravate, montre, lacets de chaussure et portefeuille, Paolo se sentait dans l'âme du clochard, ramassé ivre mort sur la voie publique.

Dès l'aube, en guise de petit-déjeuner, l'administration lui offrit très généreusement un café excessivement brûlant, servi dans un gobelet d'aluminium cabossé, à la propreté approximative ; et même avec la plus mauvaise volonté, comment pouvait-on faire un café aussi abominable ?

Il était approximativement 10 heures 15, lorsqu'on le reconduisit dans le bureau du lieutenant ; Paolo se prit à espérer que sa pénible garde-à-vue ne se prolongerait guère plus longtemps.

– Je vous en prie, asseyez-vous donc Monsieur Ottari, car nous en avons pour un moment…

– Ah !

À cette seule déclaration, une profonde déception affligea le visage de l'inspecteur Ottari ; le moins que l'on puisse dire est que ce genre d'entrée en matière ne présageait rien de bon !

– Vous pouvez vous vanter de me donner du fil à retordre Monsieur Ottari, mais je m'y attendais ! Je regrette de devoir vous dire que vos déclarations d'hier s'avèrent incomplètes et inexactes, et en particulier sur au moins un point essentiel que j'ai pris la peine de vérifier moi-même, celui de l'heure précise de votre d'arrivée au domicile de Madame Baissett sur l'île Cavallo.

– Allons bon…

– Je détiens la preuve formelle de votre duperie, ce qui évidemment n'arrange pas votre cas, voici la copie de la prise en charge du SAMU d'Ajaccio avec l'heure de votre appel : 13 h 02 !

– Certes lieutenant, mais cet appel téléphonique n'émane pas de moi…

– La prise en charge que voici comporte pourtant votre signature, la reconnaissez-vous ?

– Oui, il s'agit bien de moi.

– Bien ! Ce feuillet mentionne non seulement le lieu d'origine de l'appel, « La Maousie », mais j'ai aussi sous les yeux le nom l'émetteur, je lis : « Médecin demandeur : Paolo Ottari ». Alors je vous le demande Monsieur, depuis quand vous faites-vous passer pour un médecin ?

– Je vous l'ai expliqué, je n'ai pas téléphoné au SAMU et je ne sais même pas qui l'a appelé. Je suis parvenu à « La Maousie » à peine quelques minutes avant les médecins « urgentistes » et à mon arrivée, j'ignorais tout du terrible malheur qui venait de frapper mon amie Francine ; mais la suite se déroula comme dans un effroyable cauchemar auquel je ne comprenais rien.

Je me trouvais dans un état second lorsque l'un des urgentistes me présenta la prise en charge, pris de vertige, au bord du malaise, j'y ai alors simplement apposé ma signature sans la lire.

– Selon les intervenants du SAMU, l'appel ne pouvait provenir de personne d'autre que vous.

– Non Lieutenant, non ! Je ne vois pas sur quoi repose une telle allégation ?

– En plus des présomptions de « viol aggravé » et « tentative d'homicide » sur la personne de Madame Baissett, vous encourez des poursuites pénales pour exercice illégal de la médecine, avouez que c'est un comble Monsieur Ottari ! Mais aussi incroyable que cela puisse paraître, ce n'est malheureusement pas tout, car là où vous passez, vous semez régulièrement la mort.

– Alors là, vous me l'apprenez Lieutenant, car je l'ignorais... jusqu'alors !

– Il ne s'agit sans doute que d'étranges coïncidences, mais quand même, cela fait beaucoup ! Vendredi, Sidney Sireton ! Samedi, Francine Baissett ! Dimanche, trois jeunes motards meurent accidentellement à l'occasion de votre passage très mouvementé au col de Bavella... et pour compléter le tout, « cerise sur le gâteau »..., mais je vous laisse en prendre connaissance vous-même, Monsieur Ottari ! Vociféra le lieutenant de gendarmerie hors de lui en lui lançant le « Corse Matin » du lundi :

...

« Accident, règlement de compte ou suicide : le doute subsiste encore ! » :

« Kevin Layamon, depuis trente ans, fidèle majordome du Général à la retraite Pedro Samovar, retrouvé noyé au large de l'île Cavallo ; selon les gendarmes, la mort remonterait à 48 heures ; sa brutale disparition a semé une vive consternation auprès de ses amis les plus proches. Pourtant excellent nageur, habitué à se baigner fréquemment depuis les plages environnantes, de sorte que nul ne peut dans ces conditions expliquer les raisons de cette tragique noyade ; l'hypothèse d'une hydrocution éventuelle, quoiqu'assez improbable, a toutefois été avancée.

Néanmoins, selon certains membres du cercle de poker qu'il fréquentait assez régulièrement, au cours d'une récente partie, Kevin Layamon avait contracté une très importante dette de jeu auprès d'un autre éminent joueur de ce même cercle de jeu : le Baron Heinrich Von Kartoffel ! Dès lors, chose particulièrement étrange, le Baron ne donnera plus jamais aucun signe de vie ; interrogé à ce sujet, le Général Samovar, fortement affecté, n'a pu fournir aucune explication… »

…

À cet instant, Paolo réalisa que les faits venaient confirmer les craintes du Général Samovar ; Kevin ne représentant pas une monnaie d'échange, venait d'être éliminé par les terroristes…

– Enfin lieutenant, une dernière fois ! Je n'ai pas plus provoqué la mort de Kevin Layamon, que je ne connaissais d'ailleurs pas personnellement, qu'aucune des autres personnes citées. Et pendant que vous me retenez, les terroristes mènent leurs actions subversives en toute liberté.

– Admettons ! Néanmoins, cela reste à prouver Monsieur Ottari, cela reste encore à prouver…

– Vous le savez sûrement, dans la plupart des cas, il s'avère quasiment impossible de prouver son innocence. Seuls les véritables criminels fourbissent des alibis sur mesure ; en ce qui me concerne, je ne suis pas en mesure de vous opposer la moindre ébauche d'alibi.

– Peut-être avez-vous en partie raison, mais je ne fais ici que tenter de me forger une opinion ; beaucoup de points obscurs demeurent dans votre dossier. Sans éclaircissement de votre part, vous comprendrez que je ne puis me résoudre à vous relâcher, alors faites un dernier effort…

– Bon ! Que désirez-vous savoir de plus ?

– Monsieur Ottari ! Je ne comprends pas, le mot est faible, ou plutôt je puis difficilement excuser, qu'après avoir découvert l'état gravissime dans lequel se trouvait plongée Madame Baissett, état qui, selon vos propres déclarations, vous aurait choqué au point d'en éprouver un malaise, vous puissiez, le soir même, folâtrer dans les bras de l'hôtesse d'accueil du « Géant Hôtel »…

Et notez bien, Monsieur Ottari, que je vous fais grâce de votre surprenante différence d'âge…

– Lieutenant, c'est à Marina elle-même qu'il vous faudra demander la réponse à vos questions, non à moi, bien que je reconnaisse volontiers avoir quelque raison de répondre à ses attentes.

– En tout état de cause, Madame Baissett vous accuse de viol et d'une tentative d'homicide…

– Je pense que vous devriez prendre sérieusement en considération les remarques suivantes : tout d'abord le fait que ce jour-là, Francine Baissett s'attendait à ma venue, et probablement en faisant une sieste au bord de sa piscine.

Un inconnu l'ayant alors agressé pendant son sommeil, elle a donc pu effectivement croire qu'il s'agissait de moi.

Néanmoins, il est strictement impossible qu'elle puisse un seul instant m'avoir entendu ou vu ; pour la bonne et simple raison, qu'à cet instant précis, je n'étais pas arrivé à « La Maousie ».

– C'est du moins ce que vous affirmez, Monsieur Ottari.

– Je regrette sincèrement de devoir vous dire que vous faites vraiment fausse piste, Lieutenant. Il vous suffirait simplement d'interroger Francine Baissett sur ce point. M'a-t-elle vu et/ou entendu ?

– Madame Baissett devant être prochainement transférée au CHU de Marseille, ce ne sera pas chose aisée.

– Ce qui, selon votre bonne logique, fait de moi le coupable désigné ! remarqua Paolo, irrité.

– Non, tout de même pas, soyez rassuré sur ce point !

– Sur ce point-là précisément, le recueil de son témoignage s'avère capital pour votre enquête. Je ne puis une seule seconde imaginer une réponse positive de sa part et dans le cas contraire, en mon âme et conscience, j'affirme ne pas relever de la prison, mais de l'asile psychiatrique !

– Calmez-vous, Monsieur Ottari, calmez-vous ! Nous allons vérifier tout cela prochainement…

– En attendant, un groupe de terroristes très belliqueux, vraisemblablement d'obédience islamique, fomente des attentats ; ils enlèvent et tuent au nez et à la barbe des autorités de ce pays, sans que vous-même puissiez songer un seul instant à lever le petit doigt… je suis consterné !

– C'est entendu, je ne vous retiendrai guère plus longtemps, Monsieur Ottari. En contrepartie, je vous somme jusqu'à nouvel ordre de ne pas quitter la Corse et de rester à notre disposition.

– Sans aucun problème, merci ! Vous m'excuserez, mais j'ai à faire. Au revoir Lieutenant !

– N'oubliez pas vos affaires monsieur Ottari. En espérant vous revoir très bientôt !

– Sur nos lignes… ne put s'empêcher de railler Paolo.

– Que voulez-vous dire ?

– Non, rien Lieutenant, rien !

Chapitre Dix-sept

Espérant avec un peu de chance, pouvoir profiter d'une ambulance revenant à vide vers Porto-Vecchio, Paolo reprit le chemin du Centre Hospitalier « Notre Dame de la miséricorde », mais cette fois à pied. D'ailleurs, après une nuit quasiment blanche et toutes ses contrariétés, il s'accorda à penser que respirer un peu d'air frais en marchant lui ferait un bien fou !

Sa montre, qui selon le lieutenant de gendarmerie « fonctionnait bien », affichait presque midi ; mais il n'eut pas à attendre longtemps : son espérance se trouva récompensée sur-le-champ. Avisant un ambulancier en train de prendre le volant d'une ambulance à vide basée à Porto-Vecchio, moyennant la contrepartie d'une invitation à déjeuner, l'affaire fut immédiatement entendue.

Gyropharc et sirène en action, le trajet devait être bouclé en moins d'une heure trente-cinq, c'est-à-dire avec une heure de moins que le temps habituellement nécessaire pour un quidam.

Les yeux braqués sur la chaussée, les mains crispées sur les accoudoirs, Paolo ne parlait plus ; la sirène résonnait sous les tunnels, le gyrophare bleuté illuminait en alternance les bas-côtés, les voitures s'écartaient, se laissant doubler ; tout à sa conduite, l'ambulancier était ailleurs…

Déjà parfaitement rodé aux exploits routiers de l'aller, Paolo éprouva cette fois moins d'appréhension…

La montre du tableau de bord marquait une heure trente-cinq lorsque Paolo et son ami Lucca, le sympathique et non moins fantastique virtuose de la conduite automobile, arrivèrent à destination ; affamés, ils s'octroyèrent un copieux déjeuner au « Grand Marché », par ailleurs généreusement arrosé, au cours duquel Paolo apprit beaucoup sur la pénible condition de travail des ambulanciers.

Au sortir du restaurant, Lucca proposa lui-même de reconduire son nouvel ami à Calla Rossa :

– Au revoir mon cher Lucca, un énorme merci pour votre précieuse aide et votre gentillesse, désormais, chaque fois que j'apercevrais un gyrophare, j'aurais une petite pensée pour vous.

– Au revoir mon cher Paolo ! Sachez que ce fut un véritable plaisir de vous avoir à mes côtés, quant à moi, je tiens sincèrement à vous remercier pour votre généreuse invitation à déjeuner.

Je vous laisse ma carte, si vous avez encore besoin de mes services à l'avenir, n'hésitez pas !

– Je ne voudrais en aucun cas abuser de votre serviabilité, Lucca.

– It's my pleasure ! Comme disent les Anglais…

En pénétrant dans le somptueux hall du « Géant Hôtel », Paolo se dirigea illico vers l'accueil :

– Ah tiens, ils ont « quand même » fini par vous relâcher, Monsieur l'inspecteur ! lui claironna aussitôt Marina.

Le ton persifleur avec lequel Marina venait de tenir ce propos déplut souverainement à Paolo :

– Bonjour « quand même », Marina ! lui répondit-il sur un ton sec, passablement contrarié…

– Savez-vous qu'à la fin de mon déplaisant interrogatoire, le gendarme m'a interdit de vous rencontrer ?

– Eh bien comme vous voudrez, dans ce cas bonsoir Marina ! lui lança-t-il en tournant les talons.

– Non, attendez Paolo, ne partez pas ! Vous me devez au moins quelques explications, non ?

…

Attristé et dépité par ce revirement d'attitude, Paolo ne répondit pas et regagna sa chambre ; décidément il fut forcé, une fois de plus, de s'avouer que parfois les femmes se montraient bien versatiles…

Dans son état de fatigue et de saleté, un bain moussant prolongé lui procurerait le plus grand bien ; il lui fallait avant tout appeler Bart au téléphone, afin de convenir du prochain rendez vous…

– …

– Bart Eagle ?

– Hi ! Where are you Paolo ?

– Je viens d'arriver à l'instant à mon hôtel. J'ai eu quelques petits soucis ces derniers temps.

– Rien de trop grave j'espère ?

– Non, pas vraiment Bart ! Cela concerne Francine, moi-même… et la gendarmerie d'Ajaccio, néanmoins, c'est la raison pour laquelle je vous appelle aussi tardivement. Veuillez m'en excuser !

– De quoi s'agit-il exactement ?

– Je vous expliquerai de vive voix les détails de cette affaire ridicule, quoique préoccupante.

– Comme vous voudrez Paolo, puisque nous devons nous rencontrer avec Pedro Samovar.

– À ce propos, Bart, avez-vous appris la nouvelle ?

– Malheureusement, oui ! Le Général Samovar, vous l'imaginez bien, est dans tous ses états.

– Bart ! Si le petit voilier rouge et gris mouille encore actuellement dans la baie de Saint Cyprien, j'envisage, dès la tombée de la nuit, d'aller lui rendre une discrète visite de courtoisie.

– Certes, je dois vous avouer que je suis assez curieux de découvrir ce qu'il peut bien recéler.

– Que pensez-vous de cette entreprise, accepteriez-vous d'y participer en m'accompagnant ce soir ?

– D'accord Paolo ! Je vous propose de vous rejoindre vers 18 heures près du « White Note ».

– Alors c'est entendu Bart ! Je vous attendrai comme prévu à Saint-Cyprien avec le Zodiac.

– À tout à l'heure Paolo !

– …

Parvenu à Saint Cyprien, le repérage du voilier rouge et gris ne lui prit que quelques minutes ; comme il le pressentait, celui-ci mouillait toujours tranquillement au même emplacement, à l'abri des regards, dissimulé dans la minuscule crique, derrière les rochers de porphyre rouge.

Il disposait de deux bonnes heures de détente avant son rendez-vous avec Bart Eagle.

Perdu dans ses pensées, l'inspecteur Ottari flânait nonchalamment juste au bord de l'eau, le nez rivé sur l'étroite bande de sable de la belle plage de Saint Cyprien, lorsque tout à coup, inexplicablement, ses yeux se fixèrent sur un minuscule coquillage parmi les milliers d'autres.

Intrigué et en proie à une sensation étrange, il se baissa pour le ramasser afin de l'examiner un peu plus en détail. Cette fois il en était sûr et certain, il venait enfin de dénicher un admirable spécimen d'Œil de Sainte Lucie ; tel un inestimable trésor, tout à l'aubaine de sa découverte, une joie intense l'envahit aussitôt ; il resta un long moment accroupi, immobile, en extase devant l'étonnante beauté nacrée du coquillage, et bizarrement quelque chose se produisit au plus profond de lui-même.

Relevant la tête, au-dessus de lui, surgissant de nulle part, il vit Clara qui l'observait avec un sourire énigmatique :

– Vous en aviez grand besoin… n'est ce pas ?

– Excusez-moi, de quoi parlez-vous ? l'interrogea Paolo.

– Eh bien, de la protection de l'Œil de Sainte Lucie ! lui répondit-elle.

– Euh, oui, peut-être ! Je dois avouer honnêtement que rien ne va plus très bien ces derniers temps.

– Sainte Lucie fait barrage au « mauvais œil », néanmoins, le mieux est encore de s'en débarrasser.

– Ah bon ! Peut-être, mais alors, dites-moi comment ?

– Lorsque les choses vont mal, qu'une personne ne se porte pas bien ou n'est pas heureuse, semble attirer la malchance et a du mal à vivre, il se peut qu'elle soit frappée par « l'ochju », traduisez le « mauvais œil » ou le « mauvais sort ». L'ochju peut être transmis par les vivants, il s'agit de « l'innochju », ou encore par les morts, il est dans ce cas appelé : « l'imbuscata » !

– Est-ce mon cas, croyez-vous ? demanda Paolo de plus en plus perplexe.

– C'est bien possible ! Je vous répondrais même volontiers si vous acceptez que je pratique « E Signadore ».

– Certes… mais tout dépend en quoi consistent vos soins.

– Il ne s'agit nullement d'un exercice illégal de la médecine consistant à soigner une maladie, mais plutôt d'exorciser le mal par la prière, et aucune loi ne peut vous empêcher de prier.

– C'est exact Clara ! Mais alors dites-moi exactement, de quoi s'agit-il ?

– « E Signadore » est une tradition millénaire qui se perpétue exclusivement de grand-mère en petite fille ; pour celles qui désirent le pratiquer, le rite doit être précédé d'une incantation « l'incantesimu », une séance de purification de l'âme, apprise uniquement la nuit de Noël.

Dans la nuit du 24 décembre, durant les douze coups de minuit, les « signadori » transmettent la pratique ancestrale destinée à combattre « l'ochju ». Si la candidate à l'initiation ne la retient pas dans ce laps de temps… c'est qu'elle n'était pas prête à conjurer le sort à son tour !

Les « signadori », c'est-à-dire « ceux qui signent », conjurent ainsi le mauvais sort et rompent l'enchantement.

Ces prières traversent les âges et se perpétuent de génération en génération ; mais le pouvoir est perdu si on les dévoile au cours du rituel ou hors de la nuit de Noël…

– Comme tout cela est étrange Clara ! Expliquez-moi de quelle manière se déroule ce rituel ?

– La substance ésotérique la plus utilisée lors d'exorcismes contre le mauvais œil est l'huile.

– Vraiment ?

– « À Signatora » doit toujours avoir à portée de mains une lampe à huile et une assiette d'eau. Après avoir allumé la lampe, tout le rituel doit se dérouler à la lueur de cette flamme. Après plusieurs incantations en direction du patient, elle fait tomber quelques gouttes d'huile d'olive dans une assiette remplie d'eau, et récite l'incantation finale en effectuant plusieurs signes de croix au-dessus de l'assiette. Deux cas peuvent se produire : les gouttes d'huile restent rondes, brillantes et petites, le patient ne possède pas « l'ochju » ; il est alors atteint d'un autre mal ! Les gouttes d'huile s'élargissent, dans ce cas il y a envoûtement, une autre « Signatora » doit recommencer « l'incantesimu ». Si nécessaire, la séance peut se renouveler une troisième fois !

– Après tout Clara, au point où j'en suis, qu'ai-je à y perdre ?

– Rien ! Vous êtes seul juge, il vous appartient d'en décider !

– Alors c'est d'accord ! Je m'en remets entre vos mains expertes…

Clara entraîna alors Paolo dans une petite annexe en toile jouxtant la paillote « White Note » :

– Le rituel se déroule en trois temps, je vérifie d'abord s'il s'agit bien du mauvais œil ; si je constate qu'il s'agit d'un envoûtement, je réitère alors l'opération pour confirmer le diagnostic ; ce n'est qu'à la troisième intervention que je peux seulement savoir si vous êtes réellement désenvoûté :

Si les gouttes se diluent, vous avez bien été envoûté et dans ce cas le charme est rompu, toutefois si les gouttes restent entières, la preuve est faite qu'il ne s'agissait pas d'un sortilège.

– Je vous fais confiance Clara, faites donc !

– Comment vous prénommez-vous ?

– Paolo !

Clara remplit une assiette d'eau et après s'être signée trois fois y versa l'huile goutte à goutte, elle alluma une lampe à huile en la tenant à l'aide d'un doigt placé dans l'anse ! Puis elle s'agenouilla et dans le plus grand secret se mit à psalmodier les formules magiques en plaçant la lampe au contact de quatre côtés de l'assiette de façon à former le signe de croix…

Clara répéta à trois reprises la prière tout en effectuant un signe de croix à l'aide de la lampe.

– Vous voilà définitivement libéré de « l'ochju » ! s'exclama pour finir Clara en se relevant.

– Merci Clara, Dieu vous entende ! Est-ce que je vous dois quelque chose ? s'enquit Paolo.

– Grand Dieu non, jamais de la vie ! En vendant mon pouvoir, je m'attirerais une malédiction.

– Certes, Clara ! Malgré cela, accepter un verre fait-il aussi partie des interdictions formelles ?

– Bien sûr que non Paolo, et je l'accepte d'autant plus volontiers que je me sens assoiffée !

Pendant qu'il devisait le plus agréablement du monde avec Clara, le temps s'écoulait sans qu'il ne s'en rende compte ; le soleil s'inclinait progressivement vers les sommets montagneux de l'Alta Rocca…

La nuit tombait déjà lorsque le géant blond Bart Eagle, pénétra au « White Note » ; il se dirigea aussitôt vers la table où l'inspecteur conversait en compagnie de la jeune femme :

– Bonsoir Paolo ! Bonsoir Madame ! leur lança-t-il en inclinant vers eux sa prodigieuse stature.

– Ah, vous voilà Bart ! Rassurez-vous, je vous attendais ! lui répondit Paolo comme en s'excusant.

– Désolé de devoir interrompre notre conversation Clara, mais cette fois le devoir m'appelle.

Se levant d'un bond, il prit congé de Clara en la congratulant d'une bise sur les deux joues…

Fermement amarré au ponton communal à la disposition des plaisanciers, le gros dinghy les attendait patiemment, toujours disposé à repartir vers de nouvelles aventures… à sa décharge cependant, le bel inconscient ignorait encore ce qu'il lui faudrait endurer à l'avenir.

– Êtes-vous fin prêt, Bart ? S'enquit Paolo :

– Mieux vaut peut-être ne pas attendre l'obscurité totale ! qu'en pensez-vous inspecteur ?

– Vous avez parfaitement raison Bart, allons-y tant que nous pouvons y voir encore clair.

– Pour plus de discrétion, je pense qu'il serait peut-être judicieux de quitter tout d'abord la baie de Saint Cyprien, si possible en nous éloignant un moment vers le large, avant de revenir vers notre cible.

– Bien entendu, Bart ! Deux précautions valent mieux qu'une, on n'est jamais assez prudent ! En outre, c'est une excellente opportunité de ratisser tranquillement les environs immédiats…

*

* *

Bénéficiant à cette heure d'une mer à peu près calme, Paolo venait à l'instant d'achever un large virage au large, entamé depuis au moins une bonne quinzaine de minutes, et qui le ramenait pile à l'entrée de la baie.

Tandis qu'ils progressaient presque silencieusement, l'obscurité envahissait le ciel, le soleil disparaissait au sommet de la montagne, derrière la barrière permanente des nuages ; fluides et légers, quelques filets nacrés de brume commençaient à se répandre à la surface de l'eau.

Un calme absolu régnait aux alentours immédiats de la crique ! Bart et Paolo n'enregistrèrent pas le moindre mouvement apparent. Pas même un signe de vie, aucune présence humaine…

Tournant à l'extrême ralenti, les puissants V6 n'émettaient plus aucun bruit ; furtivement, le pneumatique sur son ère s'approchait mètre après mètre de l'inquiétant petit voilier rouge et blanc.

Depuis déjà un moment, en état d'apnée, l'américain et le français retenaient leur respiration, sans échanger un mot ; un silence oppressant s'installait, ajoutant à l'angoisse qui les gagnait malgré eux. Bart et Paolo ne pouvaient oublier la mystérieuse et tragique disparition de Jack D.

Troublant la sérénité des lieux, le pneumatique émit un couinement plaintif de protestation ; bien que l'abordage se déroulait en douceur et sans incident notable, Paolo eut l'impression que le miaulement engendré par le frottement des deux coques se propageait à travers toute la baie.

Ils restèrent un instant immobiles, scrutant les alentours, à l'écoute du moindre bruissement, le cœur battant la chamade, en se demandant si au loin quelqu'un pouvait ou non les repérer ; pourtant rien ne paraissait vouloir bouger à l'horizon, tout demeurait singulièrement paisible.

Le « plouf » d'un poisson en fuite, probablement dérangé, les firent sursauter, devant le tragi-comique de la situation, ils ne purent réprimer quelques rires, bien vite étouffés ; ils se décidèrent alors à mettre pieds sur le pont du voilier, puis à s'asseoir dans son cockpit.

Sans qu'ils puissent se l'expliquer, une forte impression de malaise émanait de la frêle embarcation ; sur leurs gardes, Bart et Paolo s'attendaient au pire : à cet instant peut-être, n'avaient-ils pas tout à fait tort…

Paolo alluma sa lampe torche et la dirigea vers les deux battants condamnant l'entrée du carré ; chose surprenante, ni le capot, ni les cloisons de la descente de roof ne semblaient verrouillés.

Se penchant en avant, Bart poussa sur le capot du roof qui recula d'un coup sur ses glissières ; aussitôt une odeur immonde, putride et pestilentielle, le fit se rejeter d'un bond en arrière, la main sur la bouche, il se précipita la tête la première par-dessus le bastingage pour vomir.

Les effroyables effluves, fétides et nauséabonds, parvinrent à leurs tours aux délicates narines de Paolo ; dès cet instant, il réalisa avec horreur qu'il se trouvait sur le point de faire une découverte macabre.

Maintenant de la main gauche son mouchoir étroitement plaqué sur son nez et sa bouche, il dirigea à l'intérieur de la cabine l'étroit faisceau de sa lampe torche qui éveilla aussitôt une nuée de grosses mouches tourbillonnantes… autour du cadavre d'un homme couché sur le plancher.

– Funérailles ! ne put s'empêcher de jurer Paolo.

Imitant Paolo, un mouchoir sur le nez, Bart Eagle s'approcha malgré sa violente répulsion pour regarder : Face à l'insoutenable spectacle qui s'offrait à ses yeux, il se sentit à nouveau au bord de la nausée.

Paolo s'efforça de focaliser le puissant faisceau de la lampe torche sur le visage de l'inconnu :

– Merde, je crois bien reconnaître le Baron Heinrich Von Kartoffel ! s'exclama aussitôt Bart.

– Bart, en êtes-vous vraiment certain ? Regardez attentivement son visage.

– Oui, c'est bien lui Paolo, il s'agit du Baron Heinrich.

– Pour ma part, avant que son nom ne soit mentionné dans l'article du journal « Corse Matin », j'ignorais même jusqu'à son existence. Mais vous-même Bart, comment le connaissiez-vous ?

– Voyez-vous, je tiens de la bouche même du Général l'explication suivante. Le Baron Heinrich Von Kartoffel, un soldat allemand gradé, au passé plus que sulfureux, appartenait à la première division de « Waffen SS[26] » : la « SS Leibstandarte Adolf Hitler » !

En fuite avant la fin de la guerre, il trouva refuge au Venezuela, à une époque où le Général Samovar exerçait ses fonctions militaires.

Afin de se refaire une santé financière à sa mesure, avec l'aide de quelques anciens compagnons d'armes, celui-ci développa un vaste réseau mondial de trafiquants d'armes. Et il en fut ainsi jusqu'au jour où le Général Samovar menaça le Baron Heinrich d'extradition. À la suite de quoi le Baron dut mettre fin à son occupation lucrative.

– Certes ! Mais malgré la dette de jeu que Kevin aurait, selon le journal, contracté à son égard, il me semble difficile de croire qu'elle puisse constituer un mobile suffisant pour l'assassiner !

---

26. La 1re division SS Leibstandarte Adolf Hitler était une unité de la Waffen SS placée sous les ordres d'Hitler. Une partie de ses effectifs était affectée à la garde des personnalités du gouvernement et des bâtiments officiels. Cette unité, créée en 1933, avait son quartier général à Berlin Lichterfelde et était commandée par Sepp Dietrich !
58 de ses membres reçurent la Croix de Chevalier de la Croix de Fer (Ritterkreuz).

– Kevin n'a vraisemblablement jamais eu la moindre intention d'éliminer le Baron Heinrich ; par contre, il n'est pas exclu que ce meurtre ait été commandité par un certain Aziz Ben'Kassine, relation douteuse de son cercle de jeu, en échange bien sûr de quelques précieux renseignements extorqués à son patron le Général Samovar.

– Avez-vous quelques raisons de soutenir cette thèse, Bart ?

– Tout d'abord ne perdez pas de vue qu'en son temps Kevin servait dans la marine américaine en sa qualité de sous-marinier, notamment sur le premier sous-marin atomique de l'US Navy !

– Évidemment Bart ! ce qui n'est certes pas négligeable compte tenu de nos préoccupations !

– Francine Baissett m'avait fait part de son inquiétude concernant les fréquentations de Kevin, lorsqu'à la suite de sa dette de jeu envers le Baron, on le vit fréquenter cet Aziz Ben'Kassine.

– Mais alors Bart ! Auriez-vous déjà fait la connaissance de Francine longtemps auparavant ?

– Je l'ai rencontrée à l'occasion d'une invitation à un souper offert par le Général dans sa villa.

– Je l'ignorais : Francine pas plus que le Général Samovar, ne s'en sont jamais ouverts à moi.

– Je présume qu'avec tous ces événements, comme moi-même, ils ont tout bonnement oublié. Bon, enfin là n'est pas le problème, Paolo… nous ferions mieux de déguerpir au plus vite !

– Très volontiers, Bart, très volontiers ! Compte tenu de la médiocrité de mes relations avec la Gendarmerie d'Ajaccio, il serait mal venu que l'on m'accusât à nouveau de meurtre ; en l'état actuel des choses, un cadavre supplémentaire sur les bras signerait mon arrêt de mort !

Non sans empressement, Paolo voulut refermer le capot du roof ; néanmoins cette fois, celui-ci opposa nettement plus de résistance qu'à son ouverture, au point que Bart dût lui prêter main-forte ; puis sans état d'âme, ils abandonnèrent le Baron Heinrich Von Kartoffel… à son cercueil flottant !

Dans la plus grande discrétion, le lent retour vers Calla Rossa s'effectua sans autre incident ; Paolo en profita pour lui exposer la confusion qui régnait autour de l'agression de Francine : son état d'égarement dû au traumatisme subi, sa méprise en ce qui concerne l'identité de son agresseur, ses hurlements dès qu'elle l'aperçut dans l'encadrement de la porte de sa chambre ; et pour terminer, le dépôt de plainte contre x pour viol aggravé et tentative de meurtre :

« Se faisant passer pour un médecin, Monsieur Ottari a appelé le SAMU d'Ajaccio, qui le trouva effectivement sur les lieux lors de son arrivé à la “Maousie”, d'ailleurs cet homme a lui-même signé la prise en charge du CHU. Et pour finir, Madame Baissett le présente elle-même comme étant son agresseur. ».

Comment voulez-vous, Bart, qu'ils ne me croient pas coupable dans de telles circonstances ?

– Effectivement Paolo, je reconnais volontiers que toutes les apparences se lient contre vous ! En théorie, il me serait relativement facile de leur prouver que cet appel provenait en réalité de moi, et non de vous ; ce qu'en l'occurrence je ferais volontiers afin de vous aider à sortir de ce lamentable pétrin. Néanmoins, en ce qui concerne la bonne fin de l'enquête, c'est-à-dire la clôture de la plainte, nous nous dirigerions au contraire dans une impasse totale, et cette fois beaucoup plus grave ; car on ne pourrait guère aborder les véritables circonstances dans lesquelles a eu lieu ce drame…

– Évidemment ! Mais peut-être pourriez-vous convaincre Francine de reconnaître son erreur ! Il vous suffirait de l'appeler pour lui expliquer les conditions de l'agression ; et puisque vous vous connaissiez apparemment fort bien, je suis certain qu'elle vous écouterait.

– C'est compris Paolo, vous pouvez compter sur moi, je vous promets de faire de mon mieux.

– Je vous en saurais gré, Bart !

Pour se dédommager de tous leurs soucis, Bart et Paolo décidèrent, une fois n'est pas coutume, de s'inviter à dîner, l'excellent restaurant gastronomique du « Géant Hôtel » ferait l'affaire ! Peu avant de se mettre à table, Bart Eagle prit toutefois la peine d'appeler le Général Samovar afin de le tenir informé de leur macabre découverte ; et après mûres réflexions, de ne pas en informer les autorités, du moins jusqu'à nouvel ordre.

Chapitre Dix-huit

Réunis autour d'une table, Bart, Paolo et Pedro tentaient non sans difficulté de démêler l'écheveau plutôt inextricable des plus récents événements. Face à ce bilan pour le moins affligeant et catastrophique, les précisions apportées par Bart s'avérèrent suffisamment éclairantes pour leur redonner quelques espoirs d'aboutir ; en particulier lorsque Bart Eagle prit à nouveau la parole :

– Mes amis, permettez-moi maintenant de vous annoncer une nouvelle de tout premier ordre qui me laisse à penser, que nous allons devoir entrer en action sans plus tarder.

Il nous faudra donc enfreindre malgré nous les consignes strictes afférentes à nos missions respectives.

– De quoi s'agit-il, Bart ? s'enquit avec impatience le Général Pedro Samovar.

– Le destroyer USS Cole[27], qui vient d'appareiller à destination de la base de San Stefano, avec dans ses soutes pas

27. Le destroyer « USS Cole » honore Samuel Darren Cole (1920-1945) du Corps des Marines des USA. A titre posthume, le sergent Cole a reçu la Légion d'honneur du Congrès pour bravoure lors de l'invasion d'Iwo

moins de 9 ogives nucléaires tactiques et 23 ogives conventionnelles, croisera sous peu dans les bouches de Bonifacio... au plus tard dans la nuit de mercredi à jeudi.

Or nous savons avec certitude, grâce à nos « oreilles », que nos adversaires en sont informés, ce qui nous concède donc une petite longueur d'avance ; bien légère cependant, je dois en convenir !

– Poursuivez Bart, poursuivez !

– Compte tenu de l'augmentation du trafic de leurs communications durant ces derniers jours, nous sommes à présent certains qu'une action terroriste d'envergure se prépare activement !

– À quelle mode d'action terroriste faites-vous allusion ?

– Sous la forme d'un attentat, perpétré conjointement à un éventuel détournement d'armes stratégiques, visant à faire d'une pierre deux coups : économique et médiatique. Enfin peut-être ! Toutefois, en l'état actuel des choses, il est impossible d'y répondre avec certitude.

– Seriez-vous, d'ores et déjà, en mesure de nous préciser quand ? Et dans quelles conditions ?

Jima. Premier navire à porter son nom, l'USS Cole (DDG-67) est le 17e destroyer multi rôle de l'US Navy de la classe des « Arleigh Burke ». Commandé en 1991, l'USS Cole a été construit par les chantiers navals « Ingalls Shipbuilding ». Achevé le 8 juin 1996, il sera affecté à l'escadron de destroyers 22 basé à Norfolk en Virginie.
En 2000, il intègre le groupe aéronaval de l'USS George Washington. Suite à l'attentat du port d'Aden, il est ramené le 13 décembre 2000 aux USA, à Pascagoula dans le Missouri, après 14 mois de réparation, il sera affecté à la Force Permanente de l'OTAN en Méditerranée.

– Il est peu probable que leur intervention puisse avoir lieu avant l'arrivée du destroyer USS Cole à San Stefano ; néanmoins, nous n'excluons nullement qu'ils déclenchent leur assaut plus en amont.

– Plus en amont ! C'est-à-dire, Bart ?

– Je pense en particulier dans les Bouches de Bonifacio ; en l'occurrence, celles-ci constituent une nasse mortelle. Néanmoins, il peut s'agir de l'archipel de La Maddalena.

– Excusez-moi de vous interrompre à nouveau, Bart, mais l'abordage d'un destroyer au large, même dans les eaux territoriales, me paraît assez peu réaliste ! Remarqua le Général Samovar :

– N'en croyez rien, mon Général ! Le 12 octobre 2000, l'USS Cole fut l'objet d'un attentat à l'embarcation piégée, le destroyer a été attaqué au Yémen dans le port d'Aden, cela au moyen d'un simple Zodiac bourré d'explosifs, tuant dix-sept marins et en blessant quarante-deux autres.

Par ailleurs, au large des côtes yéménites, le pétrolier français « Limburg », transportant 300 000 barils de brut iranien, a été incendié au moyen d'une attaque similaire. Malheureusement, quelque 90 000 barils de pétrole se sont aussitôt déversés dans le Golfe d'Aden !

– C'est exact, Bart, c'est exact ! J'avais quelque peu oublié ces bien tristes événements.

– Les agressions de l'USS Cole et du Limburg illustrent bien la réalité d'une menace terroriste ; en montant ou planifiant plusieurs attaques ces dernières années, dont deux autour du Yémen, Al-Qaïda et les organisations terroristes affiliées, dont Jemaah Islamiya, ont démontré qu'elles savaient exploiter la vulnérabilité des principaux points de passage de l'activité maritime.

– De quelles complicités et de quels moyens maritimes disposent-elles aujourd'hui ? lui demanda Paolo.

– Pour monter une attaque terroriste en mer, Al-Qaïda utilise ses propres bateaux et ses agents collaborent avec des bandes criminelles ou encore des pirates aguerris dans l'arraisonnage de navire ; sachez que le réseau Al-Qaïda dispose d'une flotte d'au moins 15 embarcations de haute mer.

– Impressionnant et inquiétant à la fois ! s'exclama Pedro Samovar.

– Lorsque le réseau Jemaah Islamiya, qui visait alors le domaine maritime, a été brisé à Singapour, on a découvert qu'il évaluait l'attaque d'un navire de guerre US dans les eaux territoriales[28].

– Tout cela n'est guère encourageant ! Que nous suggérez-vous, Bart ? s'enquit le Général.

– Sans perdre de vue qu'il nous faut récupérer Sidney Sireton, sain et sauf ! ajouta Paolo.

– Avant de poursuivre, je tiens aussi à vous faire part d'une autre information d'importance ; elle concerne les prévisions

---

28. Les autorités américaines ont arrêté « Abdul Rahim Mohammed Hussein Abda Al-Nasheri », chef des opérations navales d'Al-Qaïda, qui avait programmé l'attentat de l'USS Cole, surnommé « le Prince de la Mer ». Il planifia d'autres attaques dans le détroit de Gibraltar et envoya au Maroc une équipe de Saoudiens, entraînés en Afghanistan, pour préparer des attaques au Zodiac visant des navires de guerre américains et britanniques. Les renseignements marocains déjouèrent le complot, mais leur agent principal réussit à s'enfuir.

météorologiques maritimes et spécialement du sud de la Corse. La forte zone dépressionnaire qui progresse rapidement en direction du sud de la Sardaigne, devrait atteindre nos côtes d'ici environ 48 heures, avec des vents annoncés de force 8 à 10 sur l'échelle de Beaufort, c'est tout dire de l'amplitude de la violente tempête qui s'en suivra.

– Allons bon, il ne manquait plus que cela ! Avez-vous encore d'aussi mauvaises nouvelles ?

– En passant en quelques instants de la brise à la tempête, le « libeccio[29] » inflige ses violentes sautes d'humeur aux navires croisant dans les Bouches de Bonifacio ; les renverses de vents, pouvant être d'une extrême brutalité, contraignent les marins à manœuvrer très brusquement.

– D'une façon ou d'une autre, notre chalutier « terroriste » sera contraint de se mettre à l'abri, vraisemblablement autour de l'archipel de la Maddalena et à proximité de l'île San Stefano, puis ensuite de ne plus en bouger… jusqu'au moment de l'accostage du destroyer « USS Cole ».

Afin de prendre le contrôle du destroyer « USS Cole », puis de s'emparer des matériels militaires, nous pensons qu'ils vont tenter de réitérer leur action du Yémen ; et bien sûr, ceci ne constitue qu'un scénario, je vous l'accorde, mais c'est le plus probable !

– Bart ! Auriez-vous élaboré un plan tactique d'action ?

– En partie seulement, mon Général, uniquement dans ses grandes lignes, néanmoins le voici. Notre petite longueur

29. Le « Libeccio » est un vent qui souffle peu fréquemment, mais souvent avec une extrême violence, en exerçant sur les côtes une forte action de démolition ; sa vitesse pouvant dépasser les 100 km/heure.

d'avance tient au fait qu'ils sont supposés ignorer notre intervention. Nous allons donc profiter du court laps de temps pendant lequel leurs forces seront mobilisées, pour aborder subrepticement le chalutier à la faveur de la nuit et s'infiltrer à son bord. Nous devrons alors maîtriser le ou les gardiens restés en faction, un seul ferait certes mieux l'affaire, et ensuite, si jusque-là nous arrivons à nos fins, délivrer Sidney Sireton et les éventuels autres otages.

Voilà, en résumé, j'en ai terminé ! Qu'en pensez-vous mon cher Paolo ?

– Les risques paraissent très importants ! Néanmoins l'opération s'appuyant sur l'effet de surprise, la rapidité d'intervention, la discrétion et la furtivité, je suis tenté de dire qu'elle est jouable.

Et qu'en pense le seul stratège véritablement expérimenté ici présent, c'est-à-dire vous Général ?

La question délibérément ainsi formulée fit enfin sourire le vieux Général Pedro Samovar :

– Ok Paolo ! Puisque vous me prenez par le bon sens du poil, en me flattant exagérément, je vous répondrai donc. Nous devons surtout examiner la probabilité du scénario de départ, car s'il s'avérait effectivement exact, nous pourrons sans difficulté élaborer notre stratégie.

– Cela va de soi, mon Général, bien entendu !

– Nous pouvons aussi également envisager l'opportunité de prendre le contrôle du chalutier, bien qu'à mon humble avis cette alternative ne présenterait en réalité que très peu d'intérêt ; ou bien encore l'envoyer par le fond… ceci évidemment après la récupération de Sidney Sireton.

– Toutes choses qui, hormis l'immense plaisir qu'une telle action risquerait de nous procurer, leur couperait définitivement toute possibilité de retraite ! ajouta non sans satisfaction Paolo.

– Si vous en êtes d'accord, je vous propose donc, tout d'abord, d'examiner attentivement les cartes maritimes, puis d'aller faire une reconnaissance des lieux afin de repérer « de visu » les abris possibles ! Qu'en pensez-vous chers amis ? Bart… Paolo… ?

Pour toutes réponses, Bart et Paolo manifestèrent leur acquiescement en opinant de la tête…

– Alors mettons-nous au travail, nous n'avons pas d'autre choix et peu de temps devant nous…

Joignant le geste à la parole, le Général Samovar déroula sur la table une carte immense d'état-major sur laquelle il pointa son index :

– Regardez ici : de l'autre côté des Bouches de Bonifacio, la nature anarchique et sauvage de la Sardaigne, en particulier celle de la Costa Serena offre une multitude de refuges isolés et bien à l'abri des vents.

L'archipel de la Maddalena regroupe sept îles principales : Maddalena, Caprera, Spargi, Budelli, Santa Maria, Razzoli et San Stefano, dont une seule possède une commune habitée, « La Maddalena », qui fait face à l'île San Stefano, plus une quarantaine d'autres petits îlots ; notez que depuis Palau, il est possible d'accéder par le ferry-boat aux îles de Maddalena et de Caprera.

Comme vous le voyez plus bas, la base sous-marine du « Squadron Submarine 22 » se situe à l'est de San Stefano, au sud de l'île Caprera, elle-même reliée à La Maddalena par le pont digue du « Passo della Moneta ».

Après avoir franchi le détroit de Gibraltar, selon la route qu'il décidera d'emprunter, l'USS Cole naviguera au large des côtes algériennes, puis longera la côte est de la Sardaigne ; ou dans le cas contraire, passera au sud des îles Baléares puis traversera les Bouches de Bonifacio ; compte tenu de la forte tempête prévue, tout me laisse à penser qu'il suivra la première route.

La pointe extrême sud de la presqu'île Chiesa, à quelques encablures de la base sous-marine de San Stefano, constitue en l'occurrence un point stratégique et un poste d'observation de tout premier plan ; mais au préalable, nous devrons repérer la position exacte du chalutier et, croyez-moi, ce ne sera pas simple…

*

*   *

Depuis quelques heures à peine, presque tout l'archipel de La Maddalena se trouvait plongé au cœur de la tempête. En embarquant vers minuit sur leur canot pneumatique à destination de l'île de Santo Stefano, les nerfs à fleur de peau, trois agents préparaient en silence la plongée prévue pour une heure du matin…

Après un ultime contrôle de leurs équipements de plongée, six bouteilles et trois détendeurs, ils refirent une dernière fois l'inventaire de leurs armes de combat terrestres et sous-marines, et vérifièrent une à une l'état des puissantes mines-ventouses à charge d'explosif composite.

Toujours aussi silencieusement, ils levèrent tour à tour la main en arrondissant le pouce et l'index, pour indiquer que tout était en ordre, c'est-à-dire à leur place exacte et en état de fonctionner, puis ils se fondirent intégralement dans la nuit obscure.

Glissant avec lenteur à la surface de l'eau, il leur fallait d'abord « loger » leur cible, puis achever leur mission, sans jamais se faire repérer : compte tenu de la nature de leurs équipements, et en particulier de l'endroit où ils se trouvaient, prétendre qu'ils étaient venus faire une simple partie de pêche ne serait guère convaincant !

Leur objectif en vue, ils jetèrent alors l'ancre à proximité de la presqu'île Chiesa, à environ un mille nautique de la base sous-marine, étroitement surveillée par les marines de l'US Navy…

En haut lieu, on n'avait guère oublié ce 25 octobre 2003 au cours duquel, à environ six milles de l'île San Stefano, le sous-marin atomique Hardfort avait heurté les rochers de la barrière de granit des Monaci…

Désormais la route serait libre pour le destroyer USS Cole, tout se déroula comme prévu, sans aucun incident leur semblaient-ils ; ignorant sans nul doute, du moins fallait-il l'espérer, la présence de deux ressortissants anglais du Renseignement retenus prisonniers à bord du chalutier…

Leur mission accomplie, après plusieurs cafés bouillants, et quelques bonnes blagues afin de soulager leur tension, les trois agents exterminateurs reprirent avant l'aube le chemin du retour afin de s'envoler dès le matin vers la France !

Chapitre Dix-neuf

Cela faisait plus d'une heure que Paolo, accompagné de Bart Eagle et de Pedro Samovar, patrouillaient à la recherche du chalutier terroriste dans les eaux de l'archipel de La Maddalena ! Étant donné le nombre de ses îlots et de ses multiples criques, leur exploration systématique relevait à ce point d'une véritable gageure : autant chercher une aiguille dans une botte de foin…

À l'horizon, et depuis un bon moment, les flots menaçants se confondaient avec le ciel obscurci ; tous les signes avant-coureurs d'une tempête, promettant d'être apocalyptique, s'annonçaient.

Se déplaçant à faible allure et malmené par les flots tumultueux, le Zodiac roulait et tanguait en transmettant douloureusement ses oscillations aux estomacs nauséeux de ses passagers ; taraudés par le froid et le mal de mer, le doute commençait alors à s'insinuer dans les esprits…

Les chenaux entre ces îles, sièges de rafales violentes et complètement opposées, avaient l'exécrable réputation de créer de monstrueux accélérateurs de vent auprès desquels la soufflerie transsonique française « S1MA » de Modane, l'une des plus puissantes du monde, faisait figure d'adorable jouet de plein air pour gamins : tels ces petits moulins à vent multicolores !

À la nuit tombante, les grondements de la mer s'amplifièrent jusqu'à en devenir véritablement terrifiants. Soufflées par le « libeccio » en furie, de gigantesques vagues s'enflèrent alors démesurément et des torrents d'eau s'abattirent en déferlantes sur la côte ; d'aveuglants éclairs striaient le ciel, transperçant d'opaques nuages sombres dont la folle course balayait l'espace d'ouest en est.

Entre les îles de La Maddalena et de San Stefano, le spectacle dantesque de toute la passe, transformée en une immense bouilloire parcourue d'imposants rouleaux noirs et destructeurs, pouvait impressionner n'importe quel marin croisant dans les parages, même le plus aguerri…

Projetant cailloux et embruns, les lames diaboliques accouraient en rugissant jusqu'à la terre, puis se retiraient en découvrant une grande partie du rivage dont elle débarrassait les pierres ; telle de gros flocons de neige emportés par le blizzard, l'écume de mer volait à l'horizontale.

Malgré les qualités marines de leur embarcation, celle-ci menaçait de chavirer à tout instant ; nonobstant la protection désuète de leurs gilets de sauvetage, ils n'en menaient pas large, s'efforçant désespérément de ne pas céder à la panique : laquelle menaçait de les submerger…

*

*   *

Une bourrasque de vent balaya la brume qui recouvrait les îles de Maddalena et de Caprera ; au loin, ils purent même distinguer la route les reliant à travers le pont digue du « Passo della Moneta ».

À cet instant précis, contre toute attente, le chalutier leur apparut soudainement à découvert ; il était là à portée de vue, mouillant à seulement quelques encablures sur la presqu'île Chiesa, entre les îles Maddalena et San Stefano, juste au nord de la base sous-marine de l'US Navy…

On ne pouvait s'y rendre, sans être repéré, qu'en franchissant la passe de la Moneta au nord, de surcroît en prenant un risque énorme : passer sans dommage sous l'étroit pont de la digue.

Le gros chalutier présentait son étrave aux sauvages coups de boutoirs de la mer déchaînée ; sommairement amarré au rivage à l'aide de deux aussières, et maintenu par une unique ancre ; à chaque vague, son étrave se soulevait pesamment, presque toute sa coque jaillissait en l'air, sa poupe s'enfonçait alors profondément et disparaissait dans les flots, en partie submergée. La puissance du vent et de la mer rejetait le chalutier vers la terre, lui interdisant de la quitter ; il paraissait totalement livré à lui-même et selon toute vraisemblance, momentanément déserté, ce qui paradoxalement ne manqua pas d'inquiéter Paolo ! Sidney était-il encore à son bord ?

Ce que tous appréhendaient se produisit alors : la chaîne de l'ancre se rompit d'un seul coup ; n'étant plus retenue que par ses deux seules aussières, l'embarcation s'échoua avec fracas sur les rochers !

Accélérant de toute la puissance de ses deux moteurs, l'inspecteur Ottari propulsa le Zodiac vers le rivage ; après l'atterrissage, seule une étroite bande de terre les séparait dorénavant de leur objectif…

Paolo et ses compagnons se ruèrent aussitôt vers le chalutier, tantôt nageant, tantôt marchant, en fonction des mouvements de flux et de reflux de la mer qui parfois les laissaient presque à sec, et parfois les noyaient sous de monstrueuses masses d'eau qui faisaient dangereusement vaciller le chalutier en les forçant à reculer rapidement en arrière ; pourtant, il leur fallait à tout prix délivrer Sidney !

Paolo suffoquait, la poitrine en feu et les mains en sang !

À peine avait-il repris ses esprits, qu'à nouveau il lui fallait aussitôt se reprendre et repartir en courant vers le chalutier couché sur le flanc.

Le reflux de la mer s'étant prolongé assez longtemps, par une sorte de miracle comme il s'en produisit quand Moïse et les Hébreux fuyant l'Égypte traversèrent la mer rouge, ils parvinrent, dès leur seconde tentative, à pénétrer tous les trois dans l'embarcation ; laquelle prenait déjà l'eau de toute part…

Plongé dans l'obscurité totale, se mouvoir dans une coque accusant plus de 35 degrés de gîte et agitée d'horribles secousses, s'avéra une opération terriblement laborieuse et des plus risquée. En homme cultivé, Paolo ne put se retenir d'avoir une pensée émue pour David Misel et Conrad Hubert, l'ingénieux inventeur de la lampe de poche électrique et son non moins astucieux promoteur.

Guidés par d'étranges bruits d'objets métalliques frappés contre les parois et des cris étouffés, le trio progressa non sans difficulté vers la cale du chalutier, jusqu'à la trappe qui l'obstruait ; même en unissant leurs forces, malgré le danger que cela représentait, ils durent s'y reprendre à plusieurs reprises avant de réussir enfin à faire basculer la pesante ouverture sur ses gonds.

Précédées d'effluves aux senteurs nauséabondes, deux têtes hirsutes et barbues en émergèrent, tenant encore les gamelles cabossées avec lesquelles ils cognaient désespérément la cloison !

– Happy to meet you Paolo ! May I introduce you to Jack ?

Malgré les souffrances endurées, Sidney qui n'avait rien perdu de son humour si britannique, mais a contrario perdu toute retenue en l'occurrence, se jeta dans les bras de Paolo en riant ; aussitôt tous les cinq s'étreignirent chaleureusement à coup de vigoureuses tapes dans le dos.

– Tirons nous d'ici au plus vite, avant qu'il soit trop tard ! suggéra bientôt Pedro Samovar !

Enfin réunis, nos amis ne se firent pas prier outre mesure, et se dirigèrent « in petto » vers le chemin de la sortie. Évacuer ce qui n'était déjà plus qu'une épave, comportait quasiment tous les affres d'un parcours du combattant…

Mais à peine venaient-ils de parvenir, sains et saufs, à mettre pied sur la terre ferme, une gigantesque montagne d'eau tonitruante les rattrapa en s'abattant dans leurs dos.

Par bonheur, ils se virent d'un seul coup d'un seul, propulsés sans ménagement en direction du pneumatique ; sans doute lassé du traitement brutal qu'on lui infligeait, celui-ci menaçait de prendre le large.

Dès la première sollicitation, les deux V6 démarrèrent aussitôt en émettant leur habituel rugissement rassurant ;

malgré un début d'inondation, les pompes automatiques de cale eurent tôt fait de rejeter l'eau indésirable à la mer.

– Which happiness to find itself finally at home ! clama soudainement Sidney Sireton, euphorique. Déclenchant une hilarité générale, bienfaisante pour un équipage au bord de la crise de nerfs…

– Don't sell the fur of the bear, before killing him ! lui répliqua aussitôt Bart Eagle, achevant de provoquer une avalanche délirante de rires nerveux, proches de l'étranglement…

L'inspecteur Ottari en conclut que, décidément le rire constituait encore la meilleure arme contre la peur…

*

*   *

Paolo longeait la rive Est de l'étroite bande de terre reliant la presqu'île Chiesa à Maddalena, une rive assurément un peu plus à l'abri des déferlantes les plus dangereuses que la rive ouest, lorsqu'ils croisèrent un homme en arme remontant au pas de course en direction du chalutier.

Mal intentionné, le snipper pointa aussitôt vers eux son pistolet-mitrailleur Uzi[30] et leur lâcha une courte rafale.

---

30. Le pistolet mitrailleur « Uzi » est le nom du modèle le plus répandu au monde après le MP5. Il a été développé au début des années 1950 en Israël par Uziel Gal (1923-2002). C'est une arme simple, assez fiable et compacte.

Une balle vint perforer, de part en part, l'un des plus volumineux boudins caoutchoutés, celui-ci se mit alors à moduler un inquiétant sifflement strident de protestation !

Peu désireux d'en découdre, l'inspecteur Ottari enfonça les commandes de gaz à fond ; le puissant pneumatique bondit en avant en culbutant ses passagers sur les fesses ; puis en quelques secondes, derrière une superbe gerbe d'écume, disparut à la vue du snipper au pistolet-mitrailleur !

Couvrant le grondement sourd des deux mécaniques lancées à pleine puissance, le chuintement persistant du Zodiac entrain de se dégonfler gentiment, mais sûrement, n'était pas de nature à rassurer l'ensemble de son équipage. Un équipage, il faut bien le reconnaître, déjà largement mis à mal au cours de ces derniers temps.

Fort heureusement, l'embarcation mutilée se rapprochait enfin des nombreux mouillages du port de La Maddalena !

Lorsqu'une lame, plus forte que les précédentes, déferla vers l'extrémité sud de la presqu'île, l'étrave du chalutier se souleva presque à la verticale en opérant une savante rotation autour de sa poupe, puis il bascula lourdement en arrière et retomba enfin dans un fracas abominable.

Instantanément, l'explosion fut suivie d'une seconde, cette fois d'une violence terrifiante ; une lueur apocalyptique aveuglante embrasa le ciel ! L'hallucinante déflagration projeta, haut dans le ciel, une gigantesque colonne d'eau, de débris métalliques, de cailloux et de terre, creusant dans l'étroite bande de terre de la presqu'île Chiesa, un énorme cratère qui se remplit aussitôt d'eau.

La puissance du souffle éventra la majorité des vitrines, pourtant assez éloignées, des commerces et des immeubles du front de mer de La Maddalena.

« Match point ! » s'écria l'inspecteur Ottari réalisant que le chalutier venait de se volatiliser et la mort à laquelle, par le plus grand des hasards, ils venaient tous d'échapper.

Rétrospectivement, à cette effroyable et sinistre évocation, d'intenses frissons lui parcoururent alors l'échine dorsale.

Sans autre forme de préavis, le gros chalutier disparaissait, inexplicablement, et cela sans qu'aucun d'entre eux n'ait eu un seul instant l'idée d'imaginer une telle éventualité.

Paolo ne regrettait assurément pas cet événement imprévu, néanmoins quelque chose clochait :

– S'agissait-il tout simplement d'un accident imprévu, en définitive « plutôt salutaire » ? Ou bien l'anéantissement imprévu du chalutier émanait-il d'une ingérence externe ?

Après concertation, cette seconde hypothèse apparaissant la plus vraisemblable en raison de l'explosion initiale, Paolo et ses compagnons en convinrent unanimement. Néanmoins, il leur fallait reconnaître avec humilité qu'ils ignoraient quels pouvaient en être les auteurs…

Bien qu'ayant atteint les objectifs de leur mission, récupérer Sidney et Jack D. sains et saufs, une inconnue de taille persistait encore : après avoir abandonné le chalutier, hormis l'unique tireur entraperçu le long de la presqu'île, le reste de la bande s'était volatilisé de façon inquiétante !

Une question se posait : fallait-il ou non les rechercher ?

Ils dissertaient encore sur cette énigme lorsque, surgissant de la brume, tel le « Vaisseau fantôme », l'étrave du destroyer USS Cole affrontant la tempête, pourfendant inexorablement les vagues, leur apparut soudainement à quelques encablures, croisant au nord de San Stefano…

Poursuivant résolument sa route, comme si de rien n'était, le destroyer armé de sa cargaison hautement « explosive » parvint enfin à bon port : faisant fi de leurs inquiétudes.

En fin de compte, l'attaque tant redoutée n'eut pas lieu… Le stratagème démoniaque envisagé par les terroristes, un gros chalutier bourré d'explosif, avait fait « long feu », emportant avec lui son bosco kamikaze !

D'une façon alarmante, le gros dinghy supportant de plus en plus mal sa trop brutale cure d'amaigrissement, perdit rapidement ses harmonieuses formes pleines et rebondies, et avec elles beaucoup de sa superbe !

Au titre de représailles, il se mit à embarquer d'énormes paquets de mer et peu à peu à s'enfoncer dangereusement.

Son équipage totalement épuisé, transi de froid, et surtout malade à en crever, estima qu'il fallait de toute urgence mettre définitivement fin à cette apocalyptique croisière…

Lorsqu'à leur grand soulagement, ils accostèrent à quai, face à la « Via Ammiraglio Mirabello », Bart, Paolo, Pedro, Sidney et Jack, pitoyables, faisaient peur à voir.

L'inspecteur Ottari découvrit l'ampleur du cataclysme provoqué par la virulence de l'explosion ; des éclats de verre, provenant des nombreuses vitres brisées par le souffle, jonchaient le sol ; le front de mer et les rues adjacentes désertés accentuaient l'atmosphère surréaliste des lieux.

Au plus fort de la tempête, les bourrasques de vent s'engouffraient par les ouvertures béantes, s'acharnant avec fureur sur les portes et les fenêtres, les claquant avec une violence inouïe, éclatant les bois, arrachant les gonds, achevant de détruire de ce qui restait encore à détruire !

Après avoir assuré le Zodiac malade, ils se mirent en quête de trouver un café encore ouvert, acceptant de les accueillir à cette heure tardive de la nuit… et pas trop regardant sur leur tenue !

Afin de se mettre plus à l'abri du vent, ils s'engouffrèrent dans l'avenue principale Amedeo ; mais même derrière le front de mer, leur marche forcée s'avérait particulièrement laborieuse, les obligeant à esquiver à chaque instant d'innombrables objets volants… « non identifiés » !

Telle l'étoile de Bethléem guidant les rois mages, l'enseigne lumineuse du café-bar « Torsu » leur apporta un regain d'énergie et d'espoir. Ils ne tardèrent d'ailleurs pas à y pénétrer…

Quand Sidney Sireton ouvrit la porte de l'établissement, comme s'il accédait enfin au paradis, une formidable bouffée de chaleur bienfaisante et revigorante les assaillit immédiatement ; perchés sur des tabourets, trois hommes d'allure patibulaire se tenaient la tête entre les mains, courbés en avant, les coudes en appui sur le bar ; sans doute en proie à une solide dépression ; et lorsqu'ils refermèrent la porte, à peine ceux-ci leur adressèrent-ils un regard dédaigneux.

– Bonjour l'ambiance, nous ne sommes guère les bienvenus ! chuchota le Général Samovar.

En l'absence d'un fond musical, agrémentant habituellement ce genre d'établissement, dans un silence religieux,

Paolo et ses compagnons s'installèrent autour d'une table à l'écart ; seul le raclement des chaises sur le carrelage venant troubler l'atmosphère pesante des lieux.

Attendant que le patron daigne se manifester, ils entamèrent une discussion à mots couverts. Pressés par leurs amis, Sidney et Jack racontèrent leurs regrettables et pénibles mésaventures, celle de Jack en particulier, qui ne manqua pas de surprendre par son côté tragi-comique, et par ailleurs tout à fait inhabituel, il faut bien l'avouer, dans le cadre de ce genre de mission :

– Ce qui au départ n'était qu'une plaisanterie stupide de gamins désœuvrés, décidant d'enfouir sous le sable les affaires de l'homme en train de prendre un bain de minuit, affaires qu'ils m'avaient vu soigneusement replier dans un sac en plastique et camoufler, se termina finalement mal. Tandis que je tentais de visiter le fameux voilier suspect, repéré et dans l'impossibilité de récupérer mon véhicule, après m'être caché sommairement, je fus vite découvert !

– Mais alors Jack ! Comment avez-vous pu deviner qu'il s'agissait d'une mauvaise blague ?

– Eh bien, parce qu'à mon retour, ces petits crétins se mirent tous à détaler comme des lapins !

Pensant retrouver aussitôt ce maudit sac, qui contenait la totalité de mes affaires personnelles, j'ai ainsi perdu quelques précieuses secondes avant de prendre la fuite ; mais trop tard ! Comme un enfant pris la main dans le sac, presque nu ! Ridicule !

Par la suite, mes ravisseurs me prêtèrent généreusement de quoi me vêtir décemment, vous imaginez ma déconvenue !

– Oh, en effet, en effet ! s'exclama Bart ne pouvant réprimer un fou rire des plus contagieux, lequel déclencha immédiatement l'hilarité générale, accentuée par la mine déconfite de Jack.

Lorsque le patron du bar fit son apparition, en leur suggérant judicieusement un grog brûlant, tous acquiescèrent en cœur, se rangeant unanimement à l'excellente proposition du patron ; celui-ci leur conseilla l'hôtel « Albergo Delle Isole » situé à moins de trois cents mètres de là, s'offrant jusqu'à le contacter, afin de s'assurer des disponibilités d'hébergement éventuelles.

Après une seconde, puis une troisième tournée, Paolo et ses compagnons un tantinet éméchés, non sans avoir réglé l'addition, puis remercié chaleureusement le patron, s'apprêtaient à quitter le « Torsu » dans l'intention de se rendre à hôtel ; lorsque Sidney se dirigea soudainement vers le bar, et s'adressa à haute voix aux trois étrangers au comportement antipathique, affalés sur le zinc :

– It was a real pleasure to meet you again, thank you very much for your pleasant welcome hospitality !

À la stupéfaction générale, après quelques secondes indécises au cours desquelles tout pouvait arriver, Sidney les salua militairement, puis leur tourna les talons et revint tranquillement sur ses pas. Manifestement très surpris, les trois hommes lui adressèrent un regard emprunt de haine ; cependant, malgré cela par bonheur, dans leur abattement, aucun d'entre eux n'eut la vaillance de réagir.

À cet instant précis Paolo et ses compagnons éprouvèrent l'intuition qu'ils venaient miraculeusement d'éviter le pire et qu'en tout état de cause, mieux valait encore s'éloigner au plus vite, avant que ces hommes ne changent d'avis !

– Cela faisait déjà un moment que je les avais reconnus ! s'exclama Sidney.

– Mais qui ? lui demanda Pedro Samovar.

– Eh bien les terroristes, mon Général, les terroristes !

– Enfin, grand dieu, Sidney ! Cherchez-vous les ennuis ? N'en avez-vous pas eu assez ?

– Excusez-moi, mon Général, je n'ai vraiment pas pu me refuser cet immense plaisir !

Tous explosèrent alors de rire devant l'incroyable flegme et la démonstration de sang-froid dont il venait de faire preuve ; durant toute leur vie, ils se souviendraient des circonstances surréalistes de l'intervention de Sidney !

Dans leur hâte d'arriver à l'hôtel « Albergo Delle Isole », ils pressèrent un peu plus le pas…

Débriefing

Une fois de plus, Paolo eut tout le loisir de constater que depuis son arrivée sur l'île de beauté, selon leurs déplorables habitudes, « les choses » ne se déroulèrent jamais complètement comme prévu…

Doux euphémisme au regard de ce qu'avec son optimisme décapant Marina lui asséna un soir : « Rassurez-vous Paolo, « les choses » finissent toujours par s'arranger,… le plus souvent mal ! ». Fréquemment au bord du gouffre, Paolo et ses compagnons d'infortune frôlèrent ainsi la catastrophe à plusieurs reprises.

En tout état de cause, l'essentiel était que « ces choses » prennent fin un jour, et si possible honorablement ; soyons clairs, dans la vie de tout homme : toutes choses cotées cour, et surtout celles côté cœur !

*

* *

« Côté cour » : La délicate mission pour laquelle, à la demande de son confrère et ami Sidney, Paolo s'était autant investi, s'achevait disons, avec un relatif succès… Non sans bien entendu quelques légers dégâts collatéraux. Le major-dome Kevin Layamon, le Baron Heinrich Von Kartoffel, le tueur Aziz Ben'Kassine, trois motards inconnus « d'appellation incontrôlée », le chalutier avec son « snipper » kamikaze (du moins probablement), disparaissant en quelques jours : avouons le honnêtement, un triste bilan quand même !

Jack D. et Sidney Sireton retrouvés sains et saufs, coulaient aujourd'hui des jours plus heureux à Londres…

Mis hors d'état de nuire de façon inattendue, contraints et forcés, les terroristes se résolurent enfin à plier bagages.

Cependant, bien que sensé ignorer quels étaient les véritables commanditaires du nettoyage, un abominable doute subsistait encore dans l'esprit de l'inspecteur Ottari : le service action du MI6 ignorait-il, ou non, la présence à bord du chalutier des deux Anglais du renseignement ?

Bien pire ! Bart Eagle, ce diable d'américain du NSA, n'était-il pas lui-même au courant ? Informé de la venue du destroyer USS Cole lui et lui seul les avait alors pressé d'intervenir ; toutefois, son engagement courageux à leurs côtés et sa contribution au sauvetage plaidaient en sa faveur.

Tenu au « secret défense » et astreint au devoir de réserve, Bart ne leur dévoila qu'à demi-mot les conditions exactes de l'attaque de la base sous-marine de San Stefano ; dont les conséquences politiques en matière de perte de matériel et de pollution ne pouvaient pas être divulguées.

*

* *

« Côté cœur » : Tenant ses promesses, Bart Eagle parvint à joindre Francine Baissett au téléphone, rétablissant ainsi la vérité sur l'identité de son agresseur et les conditions de son agression ; à la suite de quoi, rappelé par ses supérieurs à Washington, il fit de chaleureux adieux à Paolo et quitta non sans quelques regrets l'île Cavallo. Cette île au combien sulfureuse, assez peu fréquentable, mais qui lui avait offert la charmante aventure amoureuse dont il se souviendrait toute sa vie…

Suite à l'odieuse vengeance par procuration orchestrée par le sinistre Baron Heinrich Von Kartoffel, la perte brutale de son majordome Kevin Layamon affecta profondément le vieux Général Pedro Samovar.

En l'absence de toute vie sentimentale, durant sa longue carrière militaire et bien au delà, le Général reportait en effet son affection sur Kevin ; ainsi, le violent conflit qui en d'autres temps l'avait farouchement opposé au Baron, le rendait en partie responsable de la mort du majordome.

Compatissant, l'inspecteur Ottari vint à plusieurs reprises tenter de rompre la douloureuse solitude du Général…

Après avoir quitté le « Géant Hôtel » de Calla Rossa, Paolo ne revit jamais la fantasque et ensorcelante Marina !

Il se prit quand même à espérer que, contrairement à ses souhaits, elle n'attende aucun enfant, du moins pas de lui !

Dans l'attente du retour de son amie Francine, toujours en convalescence, il décida de prendre un repos bien mérité et s'installa pour quelque temps dans la villa de Sidney !

*

* *

Désenvoûté à la suite de l'intervention magique de Clara, et en possession d'un « Œil de Sainte Lucie » protecteur, Paolo, confiant en l'avenir, sachant que tout finirait bien par s'arranger, cette fois-ci pour le mieux, plongea ce soir-là dans un profond sommeil :

…

« J'aime son absente présence, lumineuse, l'autre regard de l'âme qui me dévoile tout d'elle, elle possède tous les dons, l'intelligence de l'esprit, la tendresse du cœur et la grâce du corps ! »…

Fin du « Débriefing »

Ce livre a été édité par les Éditions Thélès
11, rue Martel – 75010 Paris
Téléphone : +33 (0)1 40 20 09 10
Télécopie : +33 (0)1 40 20 05 12
e-mail : info@theles.fr
www.theles.fr

Imprimé en France

Dépôt légal 1er trimestre 2008.

ISBN 978-2-303-00051-2